中宣部2022年主题出版重点出版物

"十四五"国家重点图书出版规划项目

全面建成小康社会

广东全景录

GUANGDONG QUANJINGLU

本书编写组

SPM
南方传媒　广东人民出版社

出 版 人：肖风华

出版统筹：钟永宁　卢雪华

责任编辑：曾玉寒　伍茗欣　廖智聪　楚亚菲

责任校对：梁敏岚

封面设计：石笑梦　奔流文化

版式设计：周方亚　王欢欢　奔流文化

图书在版编目（CIP）数据

全面建成小康社会广东全景录／本书编写组 编著 . — 广州：广东人民出版社，
　2022.10

（"纪录小康工程"地方丛书）

ISBN 978 - 7 - 218 - 15790 - 0

I.①全…　II.①本…　III.①小康建设 - 成就 - 广东　IV.① F127.65

中国版本图书馆 CIP 数据核字（2022）第 093685 号

全面建成小康社会广东全景录

QUANMIAN JIANCHENG XIAOKANG SHEHUI GUANGDONG QUANJINGLU

本书编写组

广东人民出版社 出版发行

（510199　广州市越秀区大沙头四马路 10 号）

广东信源文化科技有限公司印刷　新华书店经销

2022 年 10 月第 1 版　2022 年 10 月广东第 1 次印刷

开本：710 毫米 ×1000 毫米 1/16　印张：13.5

字数：180 千字

ISBN 978 - 7 - 218 - 15790 - 0　定价：46.00 元

邮购地址 510199　广州市越秀区大沙头四马路 10 号

广东人民出版社发行部　电话：（020）85716833

总　序

为民族复兴修史　为伟大时代立传

　　小康，是中华民族孜孜以求的梦想和夙愿。千百年来，中国人民一直对小康怀有割舍不断的情愫，祖祖辈辈为过上幸福美好生活劳苦奋斗。"民亦劳止，汔可小康""久困于穷，冀以小康""安得广厦千万间，大庇天下寒士俱欢颜"……都寄托着中国人民对小康社会的恒久期盼。然而，这些朴素而美好的愿望在历史上却从来没有变成现实。中国共产党自成立那天起，就把为中国人民谋幸福、为中华民族谋复兴作为初心使命，团结带领亿万中国人民拼搏奋斗，为过上幸福生活胼手胝足、砥砺前行。夺取新民主主义革命伟大胜利，完成社会主义革命和推进社会主义建设，进行改革开放和社会主义现代化建设，开创中国特色社会主义新时代，经过百年不懈奋斗，无数中国人摆脱贫困，过上衣食无忧的好日子。

　　特别是党的十八大以来，以习近平同志为核心的党中央统揽中华民族伟大复兴战略全局和世界百年未有之大变局，团结带领全党全国各族人民统筹推进"五位一体"总体布局、协调推进"四个全面"战略布局，万众一心战贫困、促改革、抗疫情、谋发展，党和国家事业取得历史性成就、发生历史性变革。在庆祝中国共产党成立100周年大会上，习近平总书记庄严宣告："经过全党全国各族人民持续奋斗，我们实现了第一个百年奋斗目标，在中华大地上全面建成了小康社会，历史性地解决了绝对贫困问题，正在意气风发向着全面建成社会主义现代化强国的第二个百年奋斗目标迈进。"

这是中华民族、中国人民、中国共产党的伟大光荣！这是百姓的福祉、国家的进步、民族的骄傲！

全面小康，让梦想的阳光照进现实、照亮生活。从推翻"三座大山"到"人民当家作主"，从"小康之家"到"小康社会"，从"总体小康"到"全面小康"，从"全面建设"到"全面建成"，中国人民牢牢把命运掌握在自己手上，人民群众的生活越来越红火。"人民对美好生活的向往，就是我们的奋斗目标。"在习近平总书记坚强领导、亲自指挥下，我国脱贫攻坚取得重大历史性成就，现行标准下9899万农村贫困人口全部脱贫，建成世界上规模最大的社会保障体系，居民人均预期寿命提高到78.2岁，人民精神文化生活极大丰富，生态环境得到明显改善，公平正义的阳光普照大地。今天的中国人民，生活殷实、安居乐业，获得感、幸福感、安全感显著增强，道路自信、理论自信、制度自信、文化自信更加坚定，对创造更加美好的生活充满信心。

全面小康，让社会主义中国焕发出蓬勃生机活力。经过长期努力特别是党的十八大以来伟大实践，我国经济实力、科技实力、国防实力、综合国力跃上新的大台阶，成为世界第二大经济体、第一大工业国、第一大货物贸易国、第一大外汇储备国，国内生产总值从 1952 年的 679 亿元跃升至 2021 年的 114 万亿元，人均国内生产总值从 1952 年的几十美元跃升至 2021 年的超过 1.2 万美元。把握新发展阶段、贯彻新发展理念、构建新发展格局、推动高质量发展，全面建设社会主义现代化国家，我们的物质基础、制度基础更加坚实、更加牢靠。全面建成小康社会的伟大成就充分说明，在中华大地上生气勃勃的创造性的社会主义实践造福了人民、改变了中国、影响了时代，世界范围内社会主义和资本主义两种社会制度的历史演进及其较量发生了有利于社会主义的重大转变，社会主义制度优势得到极大彰显，中国特色社会主义道路越走越宽广。

全面小康，让中华民族自信自强屹立于世界民族之林。中华民族有五千多年的文明历史，创造了灿烂的中华文明，为人类文明进步作出了卓越贡献。近代以来，中华民族遭受的苦难之重、付出的牺牲之大，世所罕见。中国共产党带领中国人民从沉沦中觉醒、从灾难中奋起，前赴后继、百折不挠，战胜各种艰难险阻，取得一个个伟大胜利，创造一个个发展奇迹，用鲜血和汗水书写了中华民族几千年历史上最恢宏的史诗。全面建成小康社会，见证了中华民族强大的创造力、坚韧力、爆发力，见证了中华民族自信自强、守正创新精神气质的锻造与激扬，实现中华民族伟大复兴有了更为主动的精神力量，进入不可逆转的历史进程。今天，我们比历史上任何时期都更接近、更有信心和能力实现中华民族伟大复兴的目标，中国人民的志气、骨气、底气极大增强，奋进新征程、建功新时代有着前所未有的历史主动精神、历史创造精神。

全面小康，在人类社会发展史上写就了不可磨灭的光辉篇章。中华民族素有和合共生、兼济天下的价值追求，中国共产党立志于为人类谋进步、为世界谋大同。中国的发展，使世界五分之一的人口整体摆脱贫困，提前十年实现联合国2030年可持续发展议程确定的目标，谱写了彪炳世界发展史的减贫奇迹，创造了中国式现代化道路与人类文明新形态。这份光荣的胜利，属于中国，也属于世界。事实雄辩地证明，人类通往美好生活的道路不止一条，各国实现现代化的道路不止一条。全面建成小康社会的中国，始终站在历史正确的一边，站在人类进步的一边，国际影响力、感召力、塑造力显著提升，负责任大国形象充分彰显，以更加开放包容的姿态拥抱世界，必将为推动构建人类命运共同体、弘扬全人类共同价值、建设更加美好的世界作出新的更大贡献。

回望全面建成小康社会的历史，伟大历程何其艰苦卓绝，伟大胜利何其光辉炳耀，伟大精神何其气壮山河！

这是中华民族发展史上矗立起的又一座历史丰碑、精神丰碑！这座丰碑，凝结着中国共产党人矢志不渝的坚持坚守、博大深沉的情怀胸襟，辉映着科学理论的思想穿透力、时代引领力、实践推动力，镌刻着中国人民的奋发奋斗、牺牲奉献，彰显着中国特色社会主义制度的强大生命力、显著优越性。

因为感动，所以纪录；因为壮丽，所以丰厚。恢宏的历史伟业，必将留下深沉的历史印记，竖起闪耀的历史地标。

中央宣传部牵头，中央有关部门和宣传文化单位，省、市、县各级宣传部门共同参与组织实施"纪录小康工程"，以为民族复兴修史、为伟大时代立传为宗旨，以"存史资政、教化育人"为目的，形成了数据库、大事记、系列丛书和主题纪录片4方面主要成果。目前已建成内容全面、分类有序的4级数据库，编纂完成各级各类全面小康、脱贫攻坚大事记，出版"纪录小康工程"丛书，摄制完成纪录片《纪录小康》。

"纪录小康工程"丛书包括中央系列和地方系列。中央系列分为"擘画领航""经天纬地""航海梯山""踔厉奋发""彪炳史册"5个主题，由中央有关部门精选内容组织编撰；地方系列分为"全景录""大事记""变迁志""奋斗者""影像记"5个板块，由各省（区、市）和新疆生产建设兵团结合各地实际情况推出主题图书。丛书忠实纪录习近平总书记的小康情怀、扶贫足迹，反映党中央关于全面建成小康社会重大决策、重大部署的历史过程，展现通过不懈奋斗取得全面建成小康社会伟大胜利的光辉历程，讲述在决战脱贫攻坚、决胜全面小康进程中涌现的先进个人、先进集体和典型事迹，揭示辉煌成就和历史巨变背后的制度优势和经验启示。这是对全面建成小康社会伟大成就的历史巡礼，是对中国共产党和中国人民奋斗精神的深情礼赞。

历史昭示未来，明天更加美好。全面建成小康社会，带给中国人民的是温暖、是力量、是坚定、是信心。让我们时时回望小康历程，深入学习贯彻习近平新时代中国特色社会主义思想，深刻理解中国共产党为什么能、马克思主义为什么行、中国特色社会主义为什么好，深刻把握"两个确立"的决定性意义，增强"四个意识"、坚定"四个自信"、做到"两个维护"，以坚如磐石的定力、敢打必胜的信念，集中精力办好自己的事情，向着实现第二个百年奋斗目标、创造中国人民更加幸福美好生活勇毅前行。

目　录

一、交出全面小康的优秀答卷

"民亦劳止，汔可小康。"小康生活，是中华民族千百年来的梦想。

1979年12月，邓小平会见来访的日本首相大平正芳，向大平正芳解释"四个现代化"，提出了"小康之家"的概念。由此，"小康社会"正式进入中国共产党的话语体系。广东全面小康，是中国全面小康重要组成部分；"先走一步"的广东，交出了全面小康的优秀答卷。

（一）排头兵、先行地、实验区、重要窗口

广东地处中国大陆最南部，东邻福建，北接江西、湖南，西接广西，南邻南海，珠江口东西两侧分别与香港特别行政区和澳门特别行政区接壤，西南部雷州半岛隔琼州海峡与海南省相望。广东省土地总面积17.97万平方公里，海域面积42万平方公里。

广东古称"百越""南越""南粤"。"越"与"粤"通，简称"粤"，泛指岭南一带地方，先民很早就在这片土地上繁衍生

息。在历史长河中，广州、广东等地名次第出现，逐渐演化成广东省及其辖境。中华人民共和国成立后，广东行政区在继承历史传统的基础上，有所调整和变更。1988年，海南行政区从广东划出，另设海南省。广东有21个地级市，分别是广州、深圳、珠海、汕头、佛山、韶关、湛江、肇庆、江门、茂名、惠州、梅州、汕尾、河源、阳江、清远、东莞、中山、潮州、揭阳、云浮。

广东是最早遭受西方资本主义入侵、最早开展反西方侵略斗争的省份。1840年，英国以虎门销烟等为借口，发动侵华战争。1840年6月，英军封锁珠江口，鸦片战争爆发。中国人民反抗外国侵略的斗争，首先从广东开始，林则徐虎门销烟、三元里人民抗英斗争，是耳熟能详的历史故事。

广东是中国近代民主革命策源地、先行地。广东是孙中山的故乡，孙中山创立的革命组织兴中会的成员多为广东人，资产阶级革命派的首次武装斗争也在广州策划进行。广东是辛亥革命的策源地，1911年4月27日，中国同盟会在广州举行黄花岗起义，虽遭失败，但吹响了腐朽的清王朝灭亡的号角。

广东是马克思主义早期传播的策源地和主要阵地之一，共产党员、广东香山人杨匏安是华南地区系统传播马克思主义第一人。广东是中国共产党领导的农民运动重要发源地，毛泽东在广州主持第六届农民运动讲习所，广东海丰人彭湃被誉为"农民运动大王"。历时一年四个月的省港大罢工（1925年6月到1926年10月），是中国近代史上持续时间最长的工人罢工。1923年在广州举行的中共三大，确立了实行国共合作、建立革命统一战线的方针，在党的历史上具有重要意义。土地革命战争时期，广东有11个中央苏区县，为革命事业作出了重要贡献。

广东是中国近现代民族工业发源地。得风气之先，广东是外国新事物传入中国的门户。广东南海人陈启沅（1834—1903）创办的继昌隆缫丝厂，是中国近代最早的民族资本工业企业之一，也是最早创设的机器缫丝工厂。20世纪初，顺德、南海已成为中国缫丝工业中心。

广东是著名的侨乡，是中国移民海外最早、最多的省份。华侨为中国革命、建设和改革开放作出了重要贡献。中国近现代历史上许多著名人物是广东的华侨先驱，政界有梁启超、孙中山等，实业界有兴办中国第一家机器缫丝厂的陈启沅等，商界有创建上海永安百货公司的郭乐、郭泉兄弟等，教育界有开创中国留学教育先河的容闳等，航空界有"中国航空之父"冯如等。目前，广东有海外侨胞3000多万人，占全国海外侨胞人数一半以上，分布在160多个国家和地区。

广东这片土地，虽居于一隅，但心怀天下，为矢志推动中华民族伟大复兴的爱国主义精神作出了重要贡献，具有改革、创新、担当的大无畏精神，具有务实、开放、包容的宝贵品质。广东能够得风气之先，成为改革开放的热土，走在时代前列，离不开这片土地上形成的岭南文化的滋养。

党的十一届三中全会以来，广东的定位，是改革开放的排头兵、先行地、实验区和"两个重要窗口"。1987年11月，中央决定广东为全面改革试验区，在改革开放中继续先走一步，探索建设有中国特色社会主义发展道路。中央赋予了广东特别是经济特区实行特殊政策、灵活措施的自主权，要求广东在改革开放中"杀出一条血路来"，许多创新性的改革举措都在广东诞生或率先实行，成熟后再向全国推广。广东既是向世界展示我国改革开放成就的重要窗

1979年7月15日，中共中央发出50号文件，同意广东、福建两省对外经济活动实行特殊政策和灵活措施

口，也是国际社会观察我国改革开放的重要窗口。

2012年12月8日，习近平总书记到深圳莲花山公园向邓小平铜像敬献花篮。他说："我们来瞻仰邓小平铜像，就是要表明我们将坚定不移推进改革开放，奋力推进改革开放和现代化建设取得新进展、实现新突破、迈上新台阶。"毫不夸张地说，广东已经成为中国改革开放的"符号"。

（二）解放思想

解放思想、实事求是，是改革开放和奔向全面小康的重要前提和思想动力。广东的奔康历程，是思想解放不断深入的过程。

广东第一次思想大解放发生在党的十一届三中全会前后，完成了思想上的拨乱反正，开启了广东改革开放历史进程，争取到了特殊政策。

1978年5月11日，《光明日报》发表特约评论员文章《实践是检验真理的唯一标准》，重申"实践是检验真理的唯一标准"这一马克思主义认识论的基本原理，从理论上彻底否定了"两个凡是"的错误观点，引发了真理标准问题大讨论。这场讨论不是一般哲学问题的争论，而是在思想上、理论上最根本的拨乱反正，把党员干部群众从极左思想的禁锢中解放出来。

1978年4月刚到广东主持省委日常工作的习仲勋以政治家的敏锐目光，密切关注这场讨论的进展情况，旗帜鲜明支持"实践是检验真理的唯一标准"。6月30日，习仲勋在中共广东省委四届一次常委扩大会议的总结讲话中强调："最近报纸上有些文章要好好地读，如《马克思主义的一个最基本的原则》、《实践是检验真理的唯一标准》等。理论要与实践结合起来，理论要指导实践，实践反过来又丰富这个理论，离开实践，理论一文不值。马列读得多，但不同实践结合，那有什么用处呢？" 1978年9月上旬，中共广东省委连续举行多场关于真理标准问题的讨论会。《人民日报》在9月20日对广东省委关

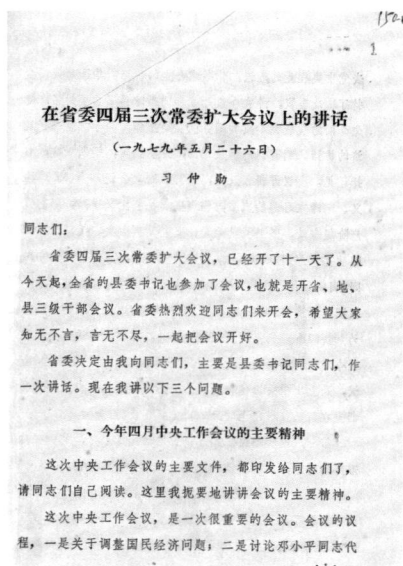

1979年5月26日，广东省委第一书记习仲勋在省、地、县三级干部会议上要求补好关于真理标准问题讨论这一课

于真理标准问题的讨论进行了报道，并加了导语："习仲勋指出，实践是检验真理的唯一标准，这绝不是一个单纯的理论问题，而是一个有重大实践意义的问题。"习仲勋是最早的公开支持实践是检验真理的唯一标准的省级负责人之一。广东关于真理标准问题大讨论从实际出发，走群众路线，讲求科学与民主的作风开始得到恢复和发展。

1979年1月8日到25日，广东省委召开四届二次常委扩大会议，研究如何贯彻中央工作会议和党的十一届三中全会精神，实现工作重点转移，着重讨论了如何把农业搞上去的问题。会议确定，要用最快的时间组织好工作重点的转移，一心一意搞"四个现代化"。到1979年底，广东全省基本实现工作重点转移，完成了政治路线的重大转折，经济社会发展走上了正确轨道。

在中央的大力支持和省委的积极争取下，广东获得了改革开放的"特殊政策"，建立了深圳、珠海、汕头等经济特区。中央要求，广东要在改革开放和现代化建设中"杀出一条血路来"。1984年1月，邓小平视察深圳、珠海、中山、顺德等地，充分肯定了兴办经济特区的决策和实践。

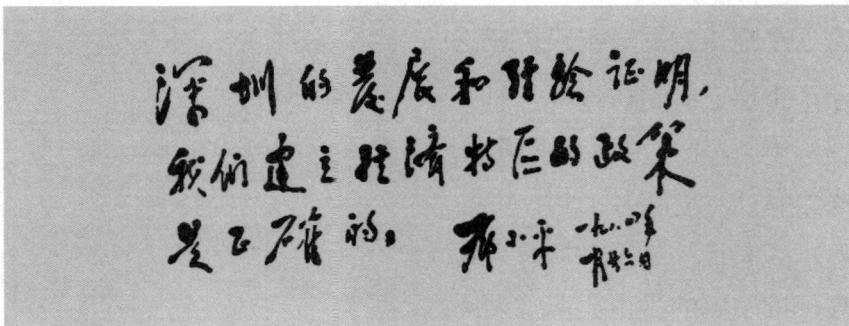

1984年，邓小平为深圳经济特区的题词

广东第二次思想大解放是邓小平南方谈话的重要推动成果，卸掉了思想包袱，轻装前进。

1992年1月至2月，邓小平到南方视察，发表一系列重要谈话，即南方谈话，提出了社会主义本质论，明确市场和计划都是资源配置的手段，破除了姓"社"姓"资"的思想束缚。邓小平高度肯定广东改革开放的成绩，对广东的改革开放和经济社会发展提出了新的要求。广东率先掀起新一轮思想解放。1992年2月，广东省委召开工作会议，传达贯彻"南方谈话"精神，研究广东如何进一步扩大开放，加快经济发展步伐，实现邓小平提出的20年赶上亚洲"四小龙"的宏伟目标。广东省委提出，要做到"三个敢于"：第一，敢于从实际出发，以促进生产力发展为标准，摆脱不符合形势发展要求的旧的思想观念和理论的束缚，敢想敢闯，探索符合当地实际的发展路子；第二，敢于借鉴和吸收人类社会创造的一切文明成果为我所用，不去人为地给它贴上"姓什么"的标记，充分利用国外资金、资源、技术和经营管理经验；第三，敢于从经济发展的差距看到思想认识的差距，做到经济特区和珠江三角洲不自满，东西两翼地区不甘居中游，北部山区不自卑。

链接

邓小平1992年南方之行对广东改革发展的设想和要求

1992年，陈建华是时任广东省委书记谢非的秘书，全程参与邓小平视察深圳、珠海的接待工作，负责邓小平谈话的录音和整理。陈建华曾接受采访，回忆1992年邓小平南方谈话中对广东改革开放和经济社会发展的看法和要求。以下是陈建华的回忆。

在深圳，小平同志谈了另外一个比较大的、更有现实意义的问题，那就是社会主义是什么？他说，实际上我们要搞的是共同富裕。他说：广东现在富了，很多地方的人跑到这里来打工，我家乡四川就有很多人跑到这里来。谢非同志对他说："现在广东的发展也很不平衡，山区还是比较穷。"小平同志说：你首先要把广东的贫富差距问题解决好。其次东部要支援西部，但不要养懒人。他说：这个快了不行、太早不行，太慢也不行。十年内不要动。李灏（时任深圳市委书记）同志又问起时间问题："小平同志，那是到什么时候？"他回答说："本世纪末吧。"

小平同志在深圳还提出了广东力争用20年时间追赶亚洲"四小龙"的问题。他到深圳的第二天就对广东提出了这个要求。当天晚上，谢非同志叫我算算，我一直算到第二天凌晨4点钟。因为当时广东的人均GDP是很低的，只有1000多元。要达到亚洲"四小龙"的水平，怎么算也不行。他在从深圳去珠海的船上讲："广东始终是中国改革开放的龙头。但是，你们要善于藏拙。要把尾巴夹得紧紧的。"广东要带好头，不仅经济要上去，精神文明建设也要上去。谢非同志在船上还把那天算账的情况给小平同志作了汇报：在总体上、经济总量上可以超过亚洲"四小龙",但人均还有较大差距。后来,从广东的实际出发,制定了一个珠江三角洲经济区的规划,经过20年的建设,珠江三角洲完全可以达到中国台湾、中国香港和新加坡、韩国的水平。我们算完以后,小平同志就指着广东地图,谢非同志给他汇报说:"我们也分三块。一块是珠江三角洲,人口占1/3左右,工业产值占80%,GDP占70%,出口占80%,这叫第一世界;东西两翼也是沿海地区,但还不富裕,算第二世界;其他的……"小平同志说:"那其他的就是第三世界?"谢非同志说:"是啊。"小平同志说:"要得,要得。"

1984年10月1日,在国庆35周年的盛大庆典活动上,写着"时间就是金钱,效率就是生命"口号的蛇口工业区大型彩车驶过天安门广场

广东第三次思想解放活动发生在2007年、2008年，深化了对新条件下广东发展形势和任务的认识，给了广东一服清醒剂，振奋了改革创新精神。

2007年12月，中共广东省委十届二次全会召开。会议发出了新一轮解放思想的号召，强调要"深刻审视所处环境的变化，深刻分析优势与不足，深刻反思思想精神状态，把思想从不适应、不利于科学发展的认识中解放出来，以新一轮思想大解放推动新一轮大发展"。广东省委分析指出，广东发展中存在五大不足：一是经济发展较快，但发展不够全面，社会事业发展和社会管理相对滞后；二是经济总量大，但发展方式仍然粗放，结构有待优化和自主创新能力不强；三是城乡区域发展有了新的进步，但发展不够协调，发展不平衡状况没有根本改变；四是资源环境保护得到加强，但可持续发展的压力较大，资源和环境的约束依然趋紧；五是经济增长速度较快，但民生问题仍然突出，城乡居民的生活品质有待提升。广东作为改革开放的排头兵，有责任、有义务率先破解发展中的难题，在实现科学发展上闯出一条新路。2007年12月30日，广东省委印发全省开展解放思想学习讨论活动的通知，广东第三次思想解放活动全面铺开。

广东省委强调，新一轮思想解放不仅强调要破除传统的"见物不见人"的发展理念，还要进一步深化利益格局调整和体制机制创新，要像改革开放之初那样，杀出一条血路来。全省上下要做到"六个克服"，增强"六种意识"：克服骄傲自满情绪，增强忧患意识；克服因循守旧观念，增强改革创新意识；克服无所作为的精神状态，增强奋发有为的意识；克服急功近利思想，增强打基础增后劲的意识；克服安逸享乐思想，增强艰苦奋斗意识；克服片面狭隘思想，增强顾全大局意识。

2008年6月，广东省委下发了《中共广东省委、广东省人民政府关于争当实践科学发展观排头兵的决定》《经济社会发展指标考核体系》《领导干部政绩考核评价办法》等文件，成为新一轮思想解放的直接成果，有力地推动了广东改革开放和经济社会发展。

广东第四次思想解放活动发生在2018年以来，深入贯彻习近平总书记对广东工作的重要指示批示精神，思想再解放、改革再深入、工作再落实，明确了"1+1+9"工作部署，推动习近平新时代中国特色社会主义在广东大地落地生根，结出丰硕成果。

广东以习近平新时代中国特色社会主义思想和习近平总书记对广东工作的重要指示批示精神为指导，不断增强走在前列的思想力和行动力。广东省委强调，要继续弘扬敢闯敢试、敢为人先的改革精神，推动思想再解放、改革再深入、工作再落实，实现解放思想和改革开放相互激荡、观念创新和实践探索相互促进。2018年，广东省委部署开展"大学习、深调研、真落实"工作，从党的领导、党的建设、大湾区建设、科技创新、现代化经济体系、区域发展格局、文化建设、社会治理等各个方面，深化了省情认识，进一步明确了发展的方位和形势，查找了问题和原因，明晰了着力点和突破口，明确了"1+1+9"工作部署，一张施工图干到底，奋力推动习近平新时代中国特色社会主义思想在广东大地落地生根、结出丰硕成果。

广州、深圳、珠海、佛山、惠州、东莞、中山、江门、肇庆等珠三角九市和香港特别行政区、澳门特别行政区，共同构成了粤港澳大湾区，总面积5.6万平方公里。2021年，粤港澳大湾区总人口为8000多万，经济总量超过12万亿元人民币。推进粤港澳大湾区建设，是以习近平同志为核心的党中央在国家层面作出的重大决策。习近平总书记从全局高度，为粤港澳大湾区发展擘画蓝图。2017年7月1日，在习近平主席亲自见证下，国家发展改革委和粤港澳三地政府在香港共同签署《深化粤港澳合作 推进大湾区建设框架协议》。几个月后，粤港澳大湾区建设被写入党的十九大报告。2019年2月18日，《粤港澳大湾区发展规划纲要》正式发布。

深圳是中国改革开放的象征。2015年1月，习近平总书记对深圳工作作出重要批示，充分肯定党的十八大以来深圳经济特区的各项工作，批示指出，当前，我国改革进入攻坚期和深水区、经济发展进入新常态，国内外风险挑战增多，深圳要牢记使命、勇于担当，进一步开动脑筋、解放思想，特别是要鼓励广大干部群众大胆探索、勇于创新，在全面建成小康社会、全面深化改革、全面依法治国、全面从严治党中创造新业绩，努力使经济特区建设不断增创新优势、迈上新台阶。

2018年是中国改革开放40周年，深圳作为中国改革开放的先行地，是中国改革开放的象征，习近平总书记和党中央对深圳寄予殷切期望。2018年12月26日，习近平总书记再次对深圳工作作出重要批示，要求深圳朝着建设中国特色社会主义先行示范区的方向前行，努力创建社会主义现代化强国的城市范例。

2020年10月14日，习近平总书记在深圳经济特区建立40周年庆祝大会上发表重要讲话，对深圳提出了新的更高目标要求：深圳要建设好中国特色社会主义先行示范区，创建社会主义现代化强国的城市范例，提高贯彻落实新发展理念能力和水平，形成全面深化改革、全面扩大开放新格局，推进粤港澳大湾区建设，丰富"一国两制"事业发展新实践，率先实现社会主义现代化。

2020年10月14日，深圳经济特区建立40周年庆祝大会

链 接

深圳要建设成为中国特色社会主义先行示范区

2019年8月9日，《中共中央　国务院关于支持深圳建设中国特色社会主义先行示范区的意见》（以下简称《意见》）发布。《意见》强调，深圳要以习近平新时代中国特色社会主义思想为指导，紧紧围绕统筹推进"五位一体"总体布局和协调推进"四个全面"战略布局，坚持和加强党的全面领导，坚持新发展理念，坚持以供给侧结构性改革为主线，坚持全面深化改革，坚持全面扩大开放，坚持以人民为中心，践行高质量发展要求，深入实施创新驱动发展战略，抓住粤港澳大湾区建设重要机遇，增强核心引擎功能，朝着建设中国特色社会主义先行示范区的方向前行，努力创建社会主义现代化强国的城市范例。到2025年，深圳要建成现代化国际化创新型城市；到2035

年，深圳高质量发展成为全国典范，成为我国建设社会主义现代化强国的城市范例；到本世纪中叶，深圳要成为竞争力、创新力、影响力卓著的全球标杆城市。

（三）接续奋斗

广东全面建成小康社会是在党的坚强领导下，广东党员干部群众接续奋斗实现的。党的十一届三中全会以来，到2020年全面小康实现，广东奔康历程大体经历了四个发展阶段。

第一个阶段是1978年到1992年，"先走一步"，担负起改革开放试验田的重任，广东经济发展开始走在全国前列，小康社会建设迈出重要步伐。

中华人民共和国成立后，按照中央的统一部署，广东探索和推动社会主义建设。改革开放前，广东连续14年发展速度低于全国平均水平，人均GDP、人均工业总产值等低于全国平均水平。1978年，广东常住人口为5064.15万人，全省GDP为185.85亿元，人均GDP为368.74元；地方财政收入为39.46亿元；城镇居民人均可支配收入412.13元，农民人均可支配收入193.25元。

党的十一届三中全会开启了中国改革开放的伟大历史进程。广东由于独特的区位优势和华侨华人众多，具有开放传统的人文优势，成为改革开放前沿地、先行地，并主动请缨，获得中央赋予的特殊政策，担负起"先走一步"、为改革开放探路的历史重任。1980年8月26日，第五届全国人大常委会第十五次会议通过了《广东省经济特区条例》，经济特区完成了奠基礼。1984年初，邓小平视察深圳和珠海等地，充分肯定了经济特区的做法和经验，并对经济特区的性质和作用定位作了科学概括：特区是技术的窗口、管理的窗口、知识的窗口、对外政策的窗口。经济特区成为改革开放的排头兵，推出了一系列与社会主义市场经济体制相配套的改革举措，率先在金融、财政、税收、物价、劳动就业、企业经营管理体制、土地制度、住房制度、社会保障制度等方面进行改革，创造了上百个全国第一。

中国改革从农村开始，以家庭联产承包责任制（俗称"大包干"）为改革内容。1981年初，广东召开省市县三级书记会议，广东农村包产到户全面推开。1983年，广东农村已基本普及家庭联产承包责任制。

广东农村改革的一大成效和特点是乡镇企业异军突起。依靠自身毗邻港澳的特殊区位优势，广东形成了"珠江模式"，与"苏南模式""温州模式"共同形成了20世纪八九十年代我国乡镇企业发展的三大模式。"珠江模式"的特色在于以外向型经济为主，与中国香港形成"前店后厂"的分工模式，主要发展"三来一补"（来料加工、来件装配、来样加工、补偿贸易）。"珠江模式"是对广东乡镇企业发展总的概括，具体包括"东莞模式""顺德模式""南海模式"等不同的形态。"东莞模式"主要发展"三来一补"和"三资"企业，成为广东利用境外资源的典范；"顺德模式"以发展镇办骨干企业、集体企业、工业企业"三个为主"为特色；"南海模式"则是实行镇、村、联户、个体"四个轮子一起转"，放手发展个体私营经济和农村第三产业。此外，广东还形成了利用本地特色资源（石材），国营、集体、个体一起上的"云浮模式"，等等。

链 接

东莞虎门太平手袋厂

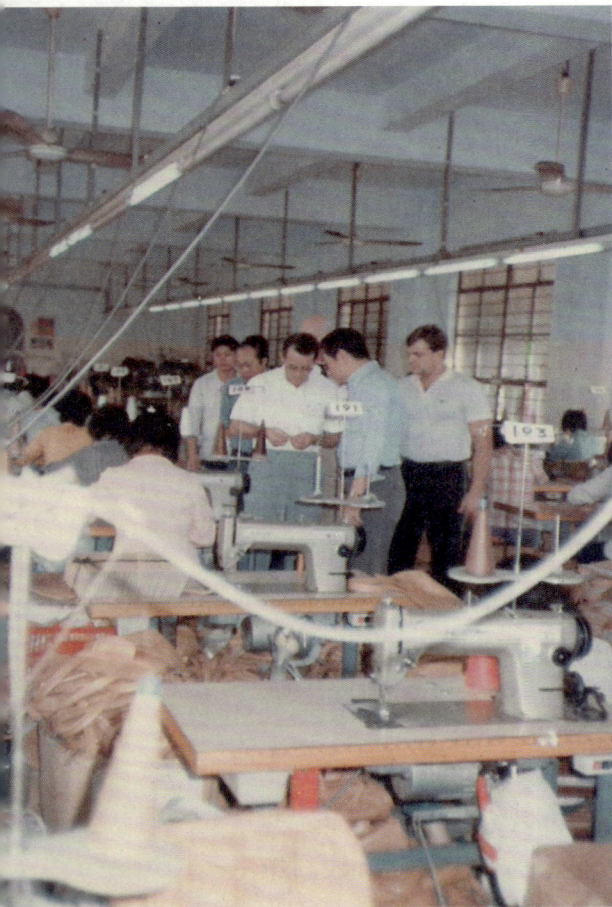

中国最早的"三来一补"企业之一——东莞太平手袋厂生产车间

1978年7月，东莞县第二轻工业局设在虎门境内的太平服装厂与港商合作创办"三来一补"企业——太平手袋厂，成为广东乃至全国改革开放的重要标志。太平手袋厂于1996年12月结业。2019年，东莞市建立了太平手袋厂陈列馆，让太平手袋厂所凝结的改革气魄和创新精神焕发出新的生机与活力。陈列馆设"序厅、手袋厂的创建、手袋厂的运营机制、手袋厂的管理理念、尾厅"五大部分，展出缝纫机、锁边机、手袋、工会证、工作证等老物件500多件，以"场景化""情景化""互动信息化"等方式再现当年太平手袋厂加工生产、日常管理等细节。通过"现场参观+宣讲报告会"的形式，讲述太平手袋厂的"一场特殊考试"、第一任厂长、按件计酬、勤奋拼搏等精彩故事，让人重温太平手袋厂勇于改革、敢为人先的发展历程，感悟改革开放力量，重燃勇立潮头、自强不息的创业激情，把陈列馆打造成党史学习教育的"红色熔炉"。

这一时期，广东城市经济体制改革和企业改革不断推进。1978年7月，一场打破"铁饭碗"的改革悄悄在广东清远氮肥厂试行：拿出5万元设立综合奖并和产量挂钩，按照多劳多得分配给工人，第二年厂子就扭亏为盈，产能大幅度提升。尝到甜头的清远随后在其他县办国营工厂推行"超计划利润提成奖"。时任广东省委第一书记习仲勋总结的"清远经验"震动全国。1979年4月，党中央决定在北京、天津、上海等地大型国营企业进行扩大企业自主权改革试点，城市经济体制改革逐步在全国推开。

1978年10月，清远县委在县化工厂、县氮肥厂、县农机修造厂和县水泥厂等国营企业中试行"超计划利润提成奖"取得明显成效，创造了"清远经验"，图为20世纪80年代的广东清远氮肥厂

广东经济实现起飞。1989年，广东GDP为1381.39亿元，超过江苏，跃居全国第一，至今一直保持。1979—1991年，广东GDP年均增长12.6%，高过全国同期水平4个百分点。1991年，广东人均GDP为2941元，是全国的4.97倍；城镇常住居民人均可支配收入2752.18元，人均消费支出2388.17元，恩格尔系数为53.1%，接近总体小康水平。

第二个阶段是1992年到2002年，迈向改革开放新阶段，社会主义市场经济体制机制不断完善，成功应对亚洲金融危机的冲击，经济继续腾飞，进入宽裕小康。

1992年初，邓小平先后到武昌、深圳、珠海、上海等地视察，发表了一系列重要谈话，即南方谈话，受姓"社"姓"资"疑问困扰的广东受到了极大的鼓舞，甩掉了思想包袱，轻装前进，迈向改革开放新阶段。

制定力争20年赶上亚洲"四小龙"战略。根据邓小平对广东发展的要求，1992年7月1日，广东向中共中央、国务院报送《关于加快广东发展步伐，力争二十年赶上亚洲"四小龙"的请示》，提出分两个阶段（每10年为一个阶段）赶上亚洲"四小龙"经济发展水平的设想。1993年5月，中共广东省第七次代表大会召开，提出广东在未来20年赶上亚洲"四小龙"，基本实现社会主义现代化的目标，明确了"三个三工程"：强化农业、交通能源通信、科学技术三个基础，建立社会主义市场经济、民主法制、廉政监督三个机制，实现产业结构、生态环境、人口素质三个优化。

以构建社会主义市场经济体制为中心，积极推进经济体制改革。"改革、调整、重组"三管齐下，建立现代企业制度，全面推进国有企业改革。探索建立农村股份合作制，促进农村资源合理流动和优化组合。加快金融市场化，建立统一开放、竞争有序、严格监管，并逐步与国际金融市场接轨的、有地方特色的金融体系。积极稳妥推进价格体制改革，逐步形成以市场形成价格为主的价格机制。积极推进住房制度改革，建立起以货币分配为主要内容的住房分配制度，1999年底，广东取消福利分房，居民住房全面市场化。

工业高速发展，成为制造业大省。20世纪90年代，中国港台地区、日韩和西方资本加速进入广东，广东迅速成为跨国公司重要的生产基地，成为具有全球影响力的制造业基地。广州和深圳、东莞、惠州在内的珠江口东岸城市，形成了以电子技术为主的IT产业集群，被称为"广东电子信息产业走廊"，其中东莞得到了"世界工厂"的称号。佛山、中山、珠海、江门等在内的珠江口西岸城市，形成了以电器机械制造为主的产业集群。

随着改革开放的深入和珠江三角洲经济的腾飞，区域发展不平衡的情况更加突出，广东更加重视协调发展和脱贫攻坚工作。广东将全省划分为中部、东西两翼、山区三种类型地区，总的要求是"中部地区领先，东西两翼齐飞，广大山区崛起"。"中部地区领先"即珠三角地区要发挥"龙头"带动作用，尤其要发挥广州、深圳的辐射带动作用；"东西两翼齐飞"即东西沿海两翼要实现经济起飞，尽快缩小与珠三角地区的差距；"广大山区崛起"即山区要发挥自身优势，以开放促发展，加快脱贫致富步伐。广东省委提出，要坚持不同类型地区协调发展，实行"分类指导、梯度推进、协调发展、共同富裕"的方针。广东省委、省政府印发《关于进一步扶持山区加快经济发展的若干政策规定》，出台《广东沿海与山区对口扶持规则》《广东沿海市对口扶持特困县脱贫工作责任制》《广东省特困县脱贫考评办法》等政策文件，加快山区发展。建立贫困县脱贫奔康领导联系点制度，省委常委和副省长分别挂一个贫困县作为联系点，指导脱贫奔康工作；强化对口扶贫，如选择珠三角100个经济比较发达的农村管理区对口帮扶100个贫困的山区管理区，组织全省10多万名党员干部与12万多户重点扶持对象结成帮扶对子，实施"一对一"结对扶贫，实施"百局扶百村"和"千村扶贫"工程。2000年，广东在全省山区和贫困地区开展"四通"（行政村通机动车、通电话、通邮、通电）和贫困户"四个一"（人均半亩"保命田"、每户输出一个劳动力、每户挂上一个农业龙头企业、每户掌握一门致富技术）的"两大会战"。

改革开放后，大量人口流入广东，形成了巨大的"人口红利"，有力助推了广东经济发展；但庞大的外来人口也给社会管理带来了极大的难度和压力，为此，广东出台《关于加强社会综合治理的决定》，下大力气加强平安建设，扭转社会治安恶化的态势。积极推进养老保险、医疗保障、社会救助等方面的改革，比如，1997年率先建立城乡最低生活保障制度，得到中央的肯定并在全国推广。

2002年，广东GDP达11674.40亿元，人均GDP达15030元；城镇居民人均可支配收入11137元，农村居民人均纯收入3912元，城乡居民恩格尔系数分别为37.2%和47.9%。全省人民生活总体达到小康水平，珠三角地区实现初步富裕。

第三个阶段是2003年到2012年，进入探索全面协调可持续发展新时期，争当科学发展排头兵，小康社会建设取得新的重大突破。

跨入21世纪，广东进入全面建设小康社会、加快推进社会主义现代化新阶段。

广东迈向经济强省。围绕社会主义市场经济体制，各项改革不断突破，经济持续快速发展。国企改革方面，2004年6月，广东省国有资产监督管理委员会成立，建立了国有资产监督管理框架和制度。第二轮行政管理体制改革顺利完成，电子政务快速发展，行政审批体制得到优化，行政效率进一步提高。应对经济发展新形势，积极推动产业转型升级，在珠三角地区实施"腾笼换鸟""扩笼壮鸟"，推动产业向粤东西北转移。2003年，广东召开全省民营经济工作会议，出台《中共广东省委、广东省人民政府关于加快民营经济发展的决定》，提出"政治平等、政策公平、法律保障、放手发展"的方针，广东民营经济高速发展。2011年，广东民营经济实现增加值26931亿元，占全省经济总量的50.6%。2004年，提出泛珠三角区域合作，签订了《泛珠三角区域合作框架协议》，广东开放型经济发展水平进一步提升。2005年，广东省委、省政府提出了建设科技强省，建设"创新型广东"的战略，实现从制造大省向创新大省转变。"十一五"期间（2006—2010年），广东科技进步贡献率达53%，技术自给率为65%。2011年，广东全域创新能力综合排名连续4年居全国第二，发明专利数量居全国首位。

构建和谐广东、幸福广东。这一时期广东经济社会发展明显转变，更加强调全面发展、协调发展，更加重视社会建设，努力突破"见物不见人"的发展惯性。2003年，广东遭遇突如其来的非典疫情，暴露出社会治理特别是应急管理的严重不足。以非典疫情为契机，广东不断推进社会体制改革，推动民生工作，加强应急管理。2005年，广东省委、省政府制定《关于构建和谐广东的若干意见》，出台一系列民生工作和社会建设方面的政策文件。比如，就业方面，统筹城乡就业，完善就业服务，保持了就业长期稳定，吸收消化了大量来自全国各地的务工人员，城镇登记失业率长期保持全国最低。1994年，广东提出建设教育强省的战略决策，下大力气弥补文化教育事业的短板。1996年，广东成为全国第一批完成"两基"（基本扫除青壮年文盲、基本普及九年义务教育）的两个省份之一。2011年，广东进一步提出建设"幸福广东"的目标，制定了建设"幸福广东"评价指标体系，出台了基本公共服务均等化规划纲要，积极推动服务型政府建设，有效增强人民群众获得感、幸福感、安全感。根据广东省统计局和国家统计局广东调查队的测算，珠三角地区2012年"幸福广东"综合指数为83.77，粤东西北地区综合指数为82.97。

链 接

建设"幸福广东"评价指标体系（2011年）

一级指标	权重（%）		二级指标	二级指标	权重（%）	
	珠三角地区	粤东西北地区	珠三角地区	粤东西北地区	珠三角地区	粤东西北地区
就业和收入	14	14	农村居民人均纯收入	农村居民人均纯收入	30	30
			城镇单位在岗职工平均二资	城镇单位在岗职工平均工资	30	30
			城镇最高最低组别收入比	城镇最高最低组别收入比	10	10

续表

一级指标	权重（%）		二级指标	二级指标	权重（%）	
	珠三角地区	粤东西北地区	珠三角地区	粤东西北地区	珠三角地区	粤东西北地区
就业和收入	14	14	农村最高最低组别收入比	农村最高最低组别收入比	10	10
			劳动者报酬占地区生产总值比重	劳动者报酬占地区生产总值比重	10	10
			城镇登记失业率	城镇登记失业率	10	10
教育和文化	9	10	规范化幼儿园达标率	高中阶段教育毛入学率	20	20
			义务教育规范化学校覆盖率	义务教育规范化学校覆盖率	25	25
			职业技能培训人数占从业人员比重	职业技能培训人数占从业人员比重	25	25
			每万人拥有公共文化设施面积	每万人拥有公共文化设施面积	15	15
			年人均参与文化活动次数	年人均参与文化活动次数	15	15
医疗卫生和健康	9	10	每千人口医疗机构床位数	每千人口医疗机构床位数	20	25
			基层医疗机构门急诊量占比	基层医疗机构门急诊量占比	20	25
			人均拥有体育场地设施面积	人均拥有体育场地设施面积	30	25
			城乡居民体质达标率	城乡居民体质达标率	30	25
社会保障	12	12	每万人拥有收养性社会福利单位床位数	每万人拥有收养性社会福利单位床位数	20	20

续表

一级指标	权重（%）		二级指标	二级指标	权重（%）	
	珠三角地区	粤东西北地区	珠三角地区	粤东西北地区	珠三角地区	粤东西北地区
社会保障	12	12	城乡基本养老保险覆盖率	城乡基本养老保险覆盖率	20	20
			城乡三项基本医疗保险参保率	城乡三项基本医疗保险参保率	20	20
			外来务工人员工伤保险覆盖率	外来务工人员工伤保险覆盖率	20	20
			最低生活保障标准与城乡人均消费支出比例	最低生活保障标准与城乡人均消费支出比例	20	20
消费和住房	12	12	居民消费价格指数	居民消费价格指数	30	30
			城镇发展型消费占消费支出比重	城镇发展型消费占消费支出比重	20	15
			农村发展型消费占消费支出比重	农村发展型消费占消费支出比重	20	15
				农村低收入住房困难户住房改造建设完成率		20
			城镇保障性住房任务完成率	城镇保障性住房任务完成率	30	20
公用设施	6	7		农村饮用水安全普及率		25
				行政村通客运班车率		25
			城市每万人公交车辆拥有量	城市每万人公交车辆拥有量	60	25
			每万人拥有城乡社区服务设施数	每万人拥有城乡社区服务设施数	40	25

续表

一级指标	权重（%）		二级指标	二级指标	权重（%）	
	珠三角地区	粤东西北地区	珠三角地区	粤东西北地区	珠三角地区	粤东西北地区
社会安全	10	10	各类生产安全事故死亡人数	各类生产安全事故死亡人数	25	25
			食品和药品安全指数	食品和药品安全指数	35	35
			万人治安和刑事警情数	万人治安和刑事警情数	40	40
社会服务	7	7	每万人持证社工人数	每万人持证社工人数	25	25
			困难群众救助覆盖率	困难群众救助覆盖率	25	25
			每万人行政效能投诉量	每万人行政效能投诉量	25	25
			信访案件按期办结率	信访案件按期办结率	25	25
权益保障	8	8	涉及民生重大决策的民调率和听证率	涉及民生重大决策的民调率和听证率	20	20
			行政复议案件按时办结率	行政复议案件按时办结率	20	20
			法院案件法定审限内结案率	法院案件法定审限内结案率	20	20
			村（居）务公开民主管理示范达标率	村（居）务公开民主管理示范达标率	20	20
			劳动人事争议仲裁结案率	劳动人事争议仲裁结案率	20	20
人居环境	13	10	森林覆盖率	森林覆盖率	15	15
			城市人均公园绿地面积	城市人均公园绿地面积	15	15

续表

一级指标	权重（%）		二级指标	二级指标	权重（%）	
	珠三角地区	粤东西北地区	珠三角地区	粤东西北地区	珠三角地区	粤东西北地区
人居环境	13	10	村庄规划覆盖率	村庄规划覆盖率	15	15
			城市全年空气二级以上天数比例	城市全年空气二级以上天数比例	15	15
			生活垃圾无害化处理率	生活垃圾无害化处理率	15	15
			城镇生活污水集中处理率	城镇生活污水集中处理率	15	15
			水功能区水质达标率	水功能区水质达标率	10	10

　　探索协调发展新路径。时任广东省委主要负责同志在走访山区贫困户时，直言全国最富的地方在广东，最穷的地方也在广东，到现在这个发展阶段，最穷的地方还在广东，这是广东之耻，是先富地区之耻。2008年，广东提出"双转移"（产业转移、劳动力转移）战略，既有区域协调发展的目的，也有产业扶贫的意义。2010年，广东探索实施扶贫开发"规划到户、责任到人"模式，出台《广东省农村开发工作条例》和《广东省农村扶贫开发实施意见》，探索"一村一策、一户一法"，强化扶贫责任和扶贫精准。截至2012年底，全省被帮扶的3407个贫困村、37万贫困户、157万贫困人口，有劳动能力的32.5万户、145.6万贫困人口全部达到脱贫标准，年人均纯收入超过7000元。

　　变流动人口管理为服务。改革开放以来，广东在一段较长的时期内是"双二元体制"：城乡二元体制、户籍人口和流动人口二元体制。广东流动人口常年保持在2000万以上，地方政府对流动人口采取加强管控的做法，流动人口在公共服务享受上存在受排斥现象。广东在大力探索破除城乡二元体制的同时，也在探索逐步消除户籍人口和流动人口二元体制。20世纪90年代，广东率先进行中小城镇户籍管理制度改革。2009年，广东实施流动人口居住证制度，赋予流动人口更多的与户籍人口相同的经济社会权利。在此基础上，2010年广东又率先探索农民工积分入户制度改革，通过设置公平合理的落户条件，推动农民工落户本地。

2011年，广东经济总量达到5.32万亿元，已经接近2004年《广东省全面建设小康社会总体构想》设定的目标；城镇居民人均可支配收入为26897元，农村居民人均纯收入9372元。

第四个阶段为2012年以来，进入中国特色社会主义新时代，踏上改革发展新征程，决胜全面建成小康社会，高质量如期完成全面建成小康社会各项目标任务。

党的十八大以来，广东进入决胜全面建成小康社会新阶段。广东以习近平新时代中国特色社会主义思想统领改革发展全局，认真贯彻落实习近平总书记对广东工作的重要指示批示精神，确定"1+1+9"工作部署，从更高站位推动率先全面建成小康社会。两个"1"分别是指坚定不移加强党的领导和党的建设、以新担当新作为不断把改革开放推向深入。广东按照"1+1+9"工作部署，一张蓝图绘到底，坚持党建引领，推动经济实力进一步提升，全力补齐全面小康短板，人民群众生活再上新台阶，区域和城乡协调发展进入新阶段，全力打赢"三大攻坚战"（防范化解重大风险、精准脱贫、污染防治），高质量完成全面建成小康社会各项目标任务。

（四）成色更足的高水平全面小康

全面小康究竟是怎样的一幅景象，广东人很早就开始想象。不同时间节点，广东奔康究竟到了哪个阶段，实现程度是多少，牵动着各界人士的心。

2004年11月，广东省委、省政府制定下发《广东省全面建设小康社会总体构想》，提出在2010年进入宽裕型小康社会，2020年全面建成小康社会，率先基本实现社会主义现代化，为广东经济社会发展提供了明确的方向指导。该构想预期到2020年，广东城镇居民人均可支配收入和农村居民人均纯收入分别为30000元和12000元。2002年，广东省城镇居民人均可支配收入为11137元，农民人均纯收入为3912元，这就意味着在不到20年的时间里，城镇居民的收入要增加近2倍，农民收入水平则要增加高于2倍。

链 接

《广东省全面建设小康社会总体构想》
的发展目标

广东分两步走全面建成小康社会。第一步：到2010年，全省人均GDP比2000年翻一番，全省进入宽裕型小康社会。其基本特征是，人们由追求生活数量水平向追求生活质量水平转化，追求生活数量和质量同时并存，其中，珠江三角洲率先基本实现社会主义现代化，东西两翼进入经济发展的快车道，山区经济社会发展迈上新台阶。第二步：到2020年，全省人均GDP比2010年再翻一番，全面建成小康社会，率先基本实现社会主义现代化，实现经济繁荣、生活富裕、环境优美、城乡协调、体制完善、社会文明。其基本特征是，人们由追求生活数量和质量并存转到以追求生活质量为主。其中，珠江三角洲达到世界中等发达地区水平，东西两翼和山区全面建成小康社会。2010年人均GDP预期超过3450美元；2020年全省GDP将达到5.6万亿元人民币，人均GDP预期可超过7000美元，其中珠江三角洲预期可达1.8万美元，分别是全国预期水平的2.3倍和6倍。

广东省统计局发布的《2007年广东省全面建设小康社会进程监测报告》显示，2007年，广东省全面建设小康社会综合评价指数为85.6%，超过全国平均水平12.7个百分点。该报告预测，2009年，广东省全面小康综合评价指数有可能接近90%，基本达到全面建设小康社会的目标，有望比全国提前七至八年实现全面小康。

广东省统计局发布的《广东全面建设小康社会进程统计监测报告（2012）》显示，2011年，广东全面建设小康社会进程提升到93.4%。2009年，小康实现程度首次超过90%，达到90.3%，到2011年已连续3年在90%以上。在监测的23项指标中，2011年已经有9项指标完全达标，占39%，有8项指标实现程度在90%—100%，即实现程度超过90%的指标有17项，占74%。六大监测领域中，生活质量实现程度最高，达99.3%；其次是资源环境、经济发展和民主法制，实现程度分别是96.0%、95.7%、91.5%。社会和谐、文化教育

实现程度稍低，分别为87.1%、86.8%。2010年社会安全实现程度
虽达91.4%，但仍低于全国95.6%的平均水平。

2018年，广东率先进入决胜全面小康关键年，各项工作稳步推
进。在省委、省政府的坚强领导下，2020年，全面小康社会在广东
如期建成，发展成色更足，交出了全面建成小康社会的优秀答卷。

让我们扫描小康广东基础数据资料：

经济实力跃上新的台阶。2020年全省地区生产总值超过11万亿
元，如期实现比2010年翻一番，连续32年居全国首位，人均地区
生产总值约9.4万元（约合1.37万美元）。产业继续向中高端水平迈
进，初步形成以先进制造业为支撑、现代服务业为主导的现代产
业体系，形成电子信息、绿色石化、智能家电等7个万亿级产业集
群。区域创新综合能力居全国首位，2020年，投入研发经费3479.9
亿元，居全国各省（自治区、直辖市）之首；科技进步贡献率达
60%，基本达到创新型地区水平。

区域和城乡协调发展深入推进。明确构建"一核一带一区"

单位：亿元

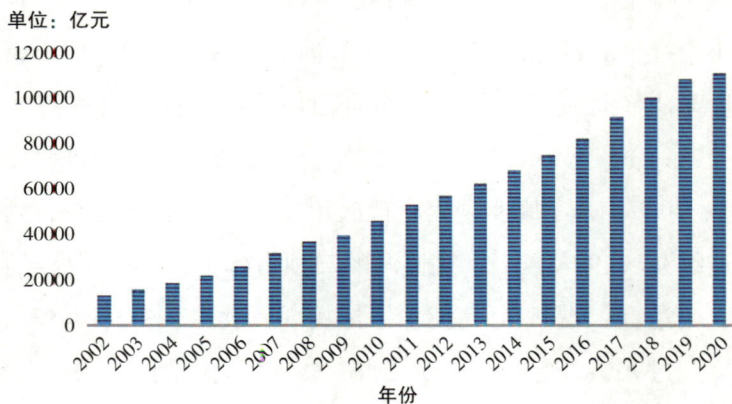

广东GDP（2002—2020年）

资料来源：国家统计局。

30

区域发展新格局并渐次成形，粤港澳大湾区建设成为国家战略，区域经济一体化进程进一步加快。以交通基础设施建设、产业园区扩能增效、中心城区扩容提质为抓手，推动粤东西北和珠三角一体化发展，城乡区域基础设施互联互通和基本公共服务均等化水平不断提升。2020年，全省常住人口城镇化率达74.15%，城乡居民人均可支配收入比缩小到2.50∶1。

人民生活质量明显改善。2020年，全省居民人均可支配收入达41029元，城镇居民人均可支配收入50257元，农村居民人均可支配收入20143元。"十三五"时期，城镇新增就业人数累计突破700万人，城镇登记失业率控制在3.5%以内。养老、医疗保险基本实现全覆盖，全省城乡居民基本养老保险基础养老金最低标准提高到每人每月180元，居民医保财政补助标准提高到每人每年520元，实施企业职工基本养老保险、工伤保险基金省级统筹，五大险种参保人数和基金累计结余均居全国第一。教育强镇、强县、强市和推进教育现代化先进县（市、区）实现全覆盖，高等教育进入普及化阶段，高等教育毛入学率达52%。污染防治攻坚成效显著，人居环境持续改善，2020年全省地表水达到或好于Ⅲ类水体比例达87.3%；空气质量优良天数比例达92.7%（标况）；大力开展"千村示范、万村整治"工程，村级公共服务中心、集中供水、无害化户厕、垃圾收运处理体系实现全覆盖。

高质量打赢脱贫攻坚战。实行精准施策、靶向疗法，"十三五"期间（2016—2020年），累计减贫247.6万人，率先完成国家标准下绝对贫困减贫任务，全省161.5万相对贫困人口、2277个相对贫困村全部达到脱贫出列标准，贫困户"两不愁三保障"全面实现。符合条件的贫困人口已全部纳入医疗保障范围，医疗救助比例达到

80%以上。2016年以来，全省完成危房改造34.4万户，贫困户住房不安全问题全部解决。

回顾广东全面建成小康社会不平凡的历史进程，有四个突出的特点：一是水平较高。数据显示，广东全面建成小康社会始终走在全国前列，各项数据远超2004年预期的目标，高质量完成了奔康任务，小康广东是"升级版"的全面小康。二是特色鲜明。广东全面建成小康社会有独特的基础和优势，同时也有自己的难点和痛点，广东的奔康之路形成了特色鲜明的"广东实践""广东样本"。三是过程艰辛。广东全面建成小康社会，靠的是党中央和省委、省政府的坚强正确领导，靠的是亿万广东人民的艰苦奋斗和全国人民的大力支持，奔康路上不时遭遇艰难险阻，充满奋斗牺牲。四是贡献巨大。2020年底，广东常住人口1.26亿人，居全国首位，约占全国总人口的8.94%，广东实现了全面小康，就意味着8.94%的中国人实现了全面小康。广东外省流入人口超过3000万，广东的全面小康，也意味着超过3000万外省流入人口实现了全面小康。全面小康路上充满"广东力量"，近年来，广东帮助桂、川、黔、滇4省（区）14个市（州）共93个贫困县摘帽。

二、筑牢广东全面小康的政治保障

办好中国的事情，关键在党。带领中国人民摆脱贫困，为中国人民谋幸福，为中华民族谋复兴，是中国共产党的初心和使命。全面建成小康社会，党的领导是根本，党的建设是保证。全面建成小康社会，是大党治贫的生动故事。习近平总书记强调："党坚强有力，党同人民保持血肉联系，国家就繁荣稳定，人民就幸福安康。"

全面建成小康社会的"广东实践""广东样本"，党的领导、党的建设处在核心地位。广东各级党组织和党员干部高举党旗，冲在前列，带领群众书写了大党治贫、全面小康的广东篇章。

（一）大学习，把握全面建成小康社会的根本遵循

以习近平同志为核心的党中央的集中统一领导，是全面建成小康社会的根本保障。习近平新时代中国特色社会主义思想，为全面建成小康社会提供了强大的理论指导。习近平总书记对广东工作高度重视、亲切关怀、寄予厚望，在广东改革发展的关键节点及

时给予指导，设定目标，指出方向，先后提出了"三个定位、两个率先""四个坚持、三个支撑、两个走在前列""四个走在全国前列"和把深圳建设成为中国特色社会主义先行示范区等指示和要求，为广东全面建成小康社会提供了根本遵循，广东党员干部群众和社会各界感怀于心。广东省委、省政府坚持提高政治站位，把对习近平新时代中国特色社会主义思想和习近平总书记对广东工作重要指示批示的学习贯彻放在第一位，学懂弄通，推动广东思想再解放、改革再深入、工作再落实，化解全面建成小康社会进程中的困难和挑战。

快速及时学习。党的十八大以来，对习近平总书记关于广东工作的重要指示批示，视察广东发表的重要讲话，习近平总书记提出的新思想新理念新战略，党中央印发的重要文件、提出的部署要求，广东省委第一时间进行学习和传达，同时对全省的学习贯彻落实作出具体安排部署，推动全省各级党组织学习宣传贯彻，做到学懂弄通。例如，2018年全国两会期间，习近平总书记参加广东代表团审议，并对广东工作作出"四个走在全国前列"的重要指示，广东代表团在驻地立即召开大会进行学习；全国两会闭幕后，广东省委立即开展学习，省委书记李希提出具体的学习贯彻要求。

扎实深入学习。广东省委要求，学习习近平新时代中国特色社会主义思想和习近平总书记对广东工作的重要指示批示精神，必须扎实深入，深刻认识其重大政治意义、现实意义和深远历史意义，切实用以统一思想、指导实践、引领发展。比如，2018年10月习近平总书记视察广东后，广东省委立即召开"全省传达学习贯彻习近平总书记视察广东重要讲话精神干部大会"，省委对学习贯彻习近平总书记视察广东重要讲话精神提出了明确要求：一要深刻领会习近平总书记对广东工作的充分肯定和深切期望，把习近平总书记的肯定鼓励化为以习近平新时代中国特色社会主义思想指导一切工作、处理一切问题的政治自觉和行动自觉，精神更加振奋，意志更加坚定，奋力开创广东工作新局面。二要深刻领会习近平总书记提出的深化改革开放、推动高质量发展、提高发展平衡性和协调性、加强党的领导和党的建设四个方面重要要求，一条条认真梳理、一项项深入研究，扎扎实实推动落实，进一步完善工作思路、抓牢工作重点，把新时代发展的路子走对走实走好。三要深刻领会习近平总书记对广东发展寄予的殷切期望，切实提高政治站位，强化政治担当，更加自觉地扛起沉甸甸的历史责任，努力在新时代实现新作为作出新贡献，不辜负习近平总书记的信任和重托，不辜负广东父老乡亲的期望。李希强调，各级党员干部要带着感情、带着责任、带着使命，结合实际、真抓实干，奋力推动习近平新时代中国特色社会主义思想在广东大地落地生根、结出丰硕成果。各地区、各部门纷纷结合自身工作拿出学习贯彻落实的思路和具体措施，掀起学习热潮。

全员覆盖学习。广东省委要求，学习贯彻习近平新时代中国特色社会主义思想和习近平总书记对广东工作的重要指示批示精神，既要突出领导干部这个"关键少数"，也要覆盖全省所有党员干部这个"绝大多数"。2017年，习近平总书记对广东作出"四个坚持、三个支撑、两个走在前列"的重要批示，广东立即掀起学习热潮，对全省5万多名县处级以上干部、520多万名党员和50多万名公务员（含参公管理人员）全部轮训一遍，同时向基层延伸，采用中心组学习、专家讲座、基层党组织"三会一课"、各级领导牵头开展调查研究、专家学者编写理论著作等生动多样的途径和方式，确保习近平新时代中国特色社会主义思想和习近平总书记对广东工作的重要指示批示精神进企业、进农村、进机关、进校园、进社区、进网站。

问题导向学习。广东省委要求，各地区、各部门要深刻领会丰富内涵和精神实质，准确把握党中央关于加强党的领导和党的建设、深化改革开放的各项决策部署，推动调研工作沿着正确方向前进，切实把习近平总书记重要指示批示要求转化为贯彻落实的具体举措和行动方案。广东省委对习近平总书记的重要指示批示一条条认真梳理，一项项深入研究，对照广东实际，找出问题所在、破解思路所在，为广东新时代发展破题，充分发挥科学理论的威力。比如，2018年，习近平总书记视察广东清远时强调，要下功夫解决广东城乡发展二元结构问题，力度要更大一些，措施要更精准一些，久久为功，把短板变成"潜力板"；要发挥粤东西北的长处和优势，促进一二三产业均衡发展，不断拓展广东发展空间、增强发展后劲。广东省委强调，要立足发展全局，把实施乡村振兴战略作为解决广东发展不平衡不充分问题的根本之策，把实施乡村振兴战略作为满足人民群众对美好生活向往的必由之路，把农业

中共广东省委党校组织编写、广东人民出版社出版的学习贯彻习近平总书记对广东工作重要批示精神辅导读本

农村优先发展要求落到实处，让乡村尽快跟上全省发展步伐，尽快让农业强起来、农民富起来、农村美起来。

（二）深调研，擘画决胜全面建成小康社会广东"施工图"

党的全面领导是小康广东的根本保障，也是全面小康的内在组成要素。广东省委以习近平新时代中国特色社会主义思想为指导，紧紧围绕习近平总书记对广东工作重要指示批示精神，把方向、谋大局、定政策、促改革，切实发挥党的领导核心作用，擘画决胜全面建成小康社会广东"施工图"。

2017年11月27日，中共广东省第十二届委员会第二次全体会议在广州召开，决定在全省部署开展"大学习、深调研、真落实"活动，进一步深化对省情的认识和把握，找准新时代广东发展的新起点，奋力把广东建设成为向世界展示习近平新时代中国特色社会主义思想的重要"窗口"和"示范区"。省委要求，要用辩证的思维看待变与不变：要清醒认识到，发展作为第一要务没有变，发展理念和发展方式变了，坚定不移贯彻新发展理念，推动经济发展质量变革、效率变革、动力变革，把遵循顶层设计与改革创新统一起来，观照全局、勇于实践，继承和弘扬敢为人先的改革精神，在贯彻落实中央改革部署、推动改革落地生效上走在全国前列。省委决定，围绕习近平总书记视察广东提出的重要要求，对全面加强党的建设、推动粤港澳大湾区建设、解决发展不平衡不充分问题、推进全面深化改革、建设科技创新强省、构建开放型经济新体制、建设平安广东法治广东、推进生态文明建设、推进文化强省建设等课题进行深入调研，由省委书记、省长牵头总抓，省委常委，省人大常委会主任、省政协主席，副省长具体抓，于当年12月形成调研成果，切实把习近平总书记视察广东重要讲话精神贯彻到工作的全过程、各方面。2018年，广东省委先后开展5轮38个重大课题的"深调研"。

"深调研"最为重要的成果，是明确了"1+1+9"工作部署，为新时代广东改革发展确立了行动纲领，画出了"总施工图"。

第一个"1"，是指坚定不移加强党的领导和党的建设，具体要求是：

——树牢"四个意识"，坚定"四个自信"，坚决做到"两个维护"。

——坚持思想引领，把学习贯彻习近平新时代中国特色社会主义思想和习近平总书记视察广东重要讲话精神作为首要政治任务不断引向深入，用以武装头脑、指导实践、推动工作。

——涵养风清气正的政治生态，把政治建设作为党的根本性建设抓紧抓实，以正确的认识和行动坚决落实"两个维护"；坚决守好意识形态安全"南大门"。

——坚持党管宣传、党管意识形态、党管媒体，牢牢掌握意识形态工作的领导权、管理权、主动权。

——培养锻造忠诚干净担当的高素质干部队伍，贯彻新时代党的组织路线，坚持好干部标准，把政治标准放在第一位。

——把各级党组织锻造得更加坚强有力。

——坚定不移正风肃纪反腐，保持惩治腐败高压态势，有力削减存量、有效遏制增量，巩固发展反腐败斗争压倒性胜利。

第二个"1",是指以新担当新作为不断把改革开放推向深入,具体要求是:

——坚定不移推进改革开放再出发。高举新时代改革开放伟大旗帜,保持改革开放应有的定力,以更坚定的信心、更有力的措施把改革开放不断推向深入,继续走在新时代改革开放的前列。

——始终坚持改革开放的正确方向。坚持用习近平新时代中国特色社会主义思想指引全面深化改革开放,解决改革开放理论和实践问题,确保改革开放始终沿着习近平总书记指引的正确方向前进。

——弘扬敢闯敢试、敢为人先的改革精神。传承改革开放先行者"杀出一条血路来""敢为天下先"的勇气担当和革命精神,永不自满、永不懈怠、永不僵化、永不停滞,坚决破除不合时宜的思想观念和体制机制弊端,突破利益固化的藩篱,推动思想再解放、改革再深入、工作再落实。

——以改革开放的眼光看待改革开放。坚持辩证唯物主义和历史唯物主义世界观和方法论,坚持解放思想、实事求是、与时俱进、求真务实,用改革开放的办法解决改革开放过程中遇到的问题,紧跟时代要求深化改革开放。

——着力扩大高水平开放。以更宽广的视野、更高的目标要求、更有力的举措推动全面开放,加快发展更高层次的开放型经济,努力培育国际经济合作和竞争新优势。

——抓好一批创造型引领型重大改革。各级党政主要负责同志要亲力亲为抓改革,用改革的办法统筹推动经济社会发展各方面工作。

　　"9"是指新时代广东改革开放和经济社会发展九个方面的重点工作：

　　——举全省之力推进粤港澳大湾区建设和支持深圳建设中国特色社会主义先行示范区，在新征程中持续释放"双区驱动效应"，推动广州、深圳"双城"联动，在新征程新高度上"比翼双飞"。

　　——扎实推进高质量发展、打造新发展格局的战略支点，加快培育完整内需体系，推动更高水平对外开放，持续提高人民群众生活品质，不断增强畅通国内大循环和联通国内国际双循环的功能。

　　——加快建设科技创新强省，进一步优化科技创新布局，不断完善科技创新体制机制，打好关键核心技术攻坚战。

　　——加快建设现代化经济体系，以习近平生态文明思想为指引加快绿色发展步伐，以自主可控、安全高效为目标推动产业基础高级化和产业链现代化，以培育战略性产业集群牵引制造业整体提质升级，以做强做优做大制造企业群为着力点厚植产业优势，推动经济体系优化升级。

　　——全面实施乡村振兴战略，以发展富民兴村产业带动农业全面升级，以实施乡村建设行动推动农村面貌全面提升，以提升科技文化素质促进农民全面发展，把巩固拓展脱贫攻坚成果同乡村振兴有效衔接起来，扎实推进农业农村现代化。

　　——高质量加快构建"一核一带一区"区域发展格局，以提升中心城市和都市圈综合承载能力为突破口，完善支撑建设"一核一带一区"和构建新发展格局相结合的体制机制，推动"核""带""区"在新发展格局中一体协同、各扬所长。

——深入推进文化强省建设，坚持"两手抓、两手都要硬"，着力在提高社会文明程度、提升公共文化服务水平、增强文化产业优势上展现更大作为。

——营造共建共治共享社会治理格局，完善社会治理体制，创新社会治理方式，提升社会治理效能，加快形成活力和秩序有机统一的社会发展新局面。

——统筹发展和安全，建设更高水平的平安广东，树立底线思维，增强忧患意识，深入贯彻总体国家安全观，坚定维护国家政治安全，确保经济安全，扎实推进全面依法治省，推动扫黑除恶常态化，全力维护人民群众生命安全和社会稳定。

"1+1+9"工作部署特色鲜明：一是紧紧围绕习近平总书记擘画的广东发展蓝图，全面落实习近平总书记对广东工作的重要指示要求，心怀"国之大者"，自觉履行好广东的使命，广东不提新的口号，不加新的指标；二是以科学理论指导和调查研究为基础，建立在省情基础上，"任务书""施工图"重点突出、科学可行；三是突出党的领导和党的建设，以高质量党建引领和推动高质量发展，比如，广东接续实施基层党建三年行动计划，充实和细化"1+1+9"工作部署内容，将党的建设工作具体化；四是以新发展理念为指引，贯穿改革开放这条"红线"，探索创新特色鲜明。比如，区域发展不平衡是广东长期存在的突出问题，以往按地理方位简单分块划分，把粤东粤西和粤北作为同类地区，有时简单统称"山区"。经过"深调研"，广东以新发展理念引领区域协调发展的思路逐渐清晰，对不同功能区进行精准定位，明确构建珠三角核心区、沿海经济带、北部生态发展区"一核一带一区"新格局，推动粤东、粤西与珠三角串珠成链，建设世界级的沿海经济带，作为新时代广东发展的主战场；粤北则强化生态屏障功能，在差异化发展中实现协调平衡。

广东各级党组织结合各地实际，形成了"1+1+9"具体行动方案，"1+1+9"工作部署落地见效，习近平新时代中国特色社会主义思想在广东大地落地生根，结出了丰硕成果。

链 接

广东各地深入开展"大学习、深调研、
真落实"工作

2018年，广东省委部署开展"大学习、深调研、真落实"工作以来，各地市认真落实，全面推进，为结合实际落实"1+1+9"工作部署提供重要支持。

韶关市委部署全面加强党的建设、解决发展不平衡不充分问题、推进全面深化改革、主动融入珠三角、提高科技创新能力、建设法治韶关和平安韶关、推进生态文明建设、推进文化建设八大课题（31个子课题），精准聚焦问题，深入剖析原因，提出了具体的思路举措，在此基础上制定了行动方案。

潮州市委认真组织开展"大学习、深调研、真落实"工作，进一步摸准市情、找准对策。出台《中共潮州市委贯彻落实〈中共广东省委关于深入学习贯彻落实习近平总书记重要讲话精神　奋力实现"四个走在全国前列"的决定〉的意见》《中共潮州市委关于深入学习

贯彻落实新时代党的建设总要求努力把各级党组织锻造得更加坚强有力的意见》，明确了"1+5+2"工作部署："1"是指加强党的全面领导和党的建设；"5"是指五项重点工作任务，即推进产业发展和重大项目建设、推进城市发展、推进乡村振兴、推进文化强市建设、推进生态文明建设；"2"是指"改革开放"和"平安法治"两个重要支撑。

湛江市委深入开展"大学习、深调研、真落实"工作，形成了"以全面建成小康社会、加快建设北部湾中心城市和省域副中心城市、打造广东经济新的增长极为目标，大力推进交通、产业、城市现代化，实施乡村振兴战略，推动新时代湛江高质量发展"的发展思路，把

市民参观扫黑除恶成果展，并纷纷在湛江平安大道心愿墙上留言

湛江建设成为服务重大战略高质量发展区、陆海联动发展重要节点城市、现代化区域性海洋城市、全省区域协调发展重要引擎。

2020年，广东开启了新一轮"大学习、深调研、真落实"工作，进一步深化"1+1+9"工作部署，形成全面推进现代化建设新征程的具体行动方案和"施工图"。

（三）真落实，党建引领奏响奔康"协奏曲"

上下同欲者胜，同舟共济者赢。全面建成小康社会一定是"大合唱"，必须奏好奔康"协奏曲"。如何唱响"大合唱"，奏好"协奏曲"，把"1+1+9"工作部署和全面建成小康社会各项工作落到实处？答案是：党建引领。

2018年6月，广东省委办公厅印发《广东省加强党的基层组织建设三年行动计划（2018—2020年）》，这是"1+1+9"工作部署的重要组成部分，为广东加强基层党建设计了路线图，为广东决胜全面建成小康社会提供了强大组织保障。该计划强调，要以提升组织力为重点，突出政治功能，以基层党建推动高质量发展、促进脱贫攻坚和乡村振兴、引领基层社会治理。每年的主题和目标为：2018年以"规范化建设"为主题，重点加强各领域基层党组织规范化制度建设；2019年以"组织力提升"为主题，重点构建党组织对各类基层组织全面领导的体制机制；2020年以"基层党建全面进步全面过硬"为主题，全面完成软弱涣散基层党组织整顿工作。计划提出了一系列有效措施和抓手，形成了省、市、县、乡、村五级书记齐抓基层党建的生动局面。2020年，三年行动计划圆满收官，广东省委对各地市、各单位各部门实施情况进行了评估，结论是，基层党建三年行动计划推动全省基层党建工作取得了新成效，基层党组织展现了新气象，为全省改革发展大局、为决胜全面建成小康社会取得决定性胜利提供了扎实的组织保障。

在第一个三年行动计划基础上，2021年4月，广东省委印发了《广东省加强党的基层组织建设三年行动计划（2021—2023年）》，每年的主题如下：2021年是"完善组织体系开启新征程"，2022年是"提升党建引领基层治理效能"，2023年是"高质量党建推动高质量发展"。目标是要通过三年工作，不断扩大基层党的组织覆盖和工作覆盖，不断提升基层党组织建设制度化、规范化、科学化水平，不断增强基层党组织的政治领导力、思想引领力、群众组织力、社会号召力。

链　接

《广东省加强党的基层组织建设三年行动计划（2018—2020年）》关键内容

实现党组织对各类基层组织的全面领导。坚持基层党组织对其他基层组织和各方面力量的全面领导，将党的工作有效覆盖到各类群体，梳理规范下放基层事权，让党组织在基层工作中唱主角。制定党组织工作规程，建立党组织与自治组织、集体经济组织、村务监督委员会的小微权力清单，建立健全党组织讨论决定重要工作的机制。

营造共建共治共享社会治理格局。健全党组织领导下的村（居）民自治机制、民主协商机制、群团和社会组织参与机制，做到协商议题由党组织把关，协商过程由党组织牵头，协商结果由党组织督办。扎实推进抓党建促乡村振兴，每年选派优秀党员干部到贫困村、软弱涣散村、集体经济薄弱村担任党组织第一书记，结合实施"千村示范、万村整治"工程，组织开展农村党建示范活动，发挥党组织在打赢脱贫攻坚战，推动乡村产业的领导作用。破解外来人口融入本地治理难题，总结推广非户籍常住居民及党员参选社区（村）"两委"班子的试点经验，拓展外来人口参与基层社会治理的途径和方式，维护外来人口的合法权益，促进本地居民和外来人口和谐共融发展。持续深化基层治理专项整治，打好扫黑除恶专项斗争三年攻坚战，及时做好基层组织的整顿、重建工作。

加强基层党组织建设。在农村实施"党员人才回乡计划"，坚决撤换调整政治上不合格、经济上不廉洁、能力上不胜任、工作上不尽职的村党组织书记，选拔有情怀、有能力、有文化、有口碑的本村外出务工经商人员、农村创业致富带头人、返乡大学生、退休干部中的优秀党员担任村党组织书记。从带富能力强的村民、复员退伍军人、外出务工经商人员、村医村教、返乡大学生等党员中，建立党组织书记后备队伍，实行"村推镇选县考察"的培养选拔制度。制定实施各领域基层党员评星定级量化管理办法，全面推行窗口单位和一线党员在岗佩徽挂牌，组织党员亮身份、作表率。城市街道以软弱涣散社区、城中村社区党组织为重点，注重选拔机关公务员、事业单位工作人员和社区优秀干部担任社区党组织书记。采取动态管理，全省各级不定软弱涣散党组织的比例，出现新的软弱涣散党组织随时列入，各级党（工）委书记要带头挂点整顿，第一书记要驻点整顿，建立整顿工作台账和档案，经整顿并巩固好的适时组织验收销号。开展基层正风反腐三年行动，惩治扶贫领域腐败和作风问题、农村集体"三资"领域腐败和作风问题、行政执法领域"为官不为"问题、公共服务行业"吃拿卡要"问题、村（社区）"两委"换届中的拉票贿选问题、其他损害群众利益的突出问题。

第一书记和驻村工作队是加强农村基层党组织建设的重要力量。2016年以来，广东动员全省1.8万个党政机关、企事业单位向贫困村选派第一书记和驻村工作队，派出驻镇（街道）工作组1112个、驻村工作队1.2万个，共向2277个省定贫困村选派第一书记4454名、驻村工作干部近6.5万人。加强党建引领，第一书记和驻村工作队功不可没。作为外来力量，他们打破了农村基层党组织的封闭状态，为农村基层党组织带来了新的知识观念，带来了各种资源，形成了"鲶鱼效应"，为农村基层党建注入了新的活力，成为构建共建共享共治基层治理格局、打赢脱贫攻坚战的依靠力量，成为党建引领奔康的重要依靠力量。

广东省基层党建三年行动计划提出实施"头雁工程""南粤

先锋工程"。基层党建的"头雁",除下派的第一书记外,更多的是从本地党员中产生的基层党组织书记。通过"党员人才回乡计划"、党组织书记后备队伍建设、集中轮训等措施,"选育管用储"全链条推进农村党组织带头人队伍整体优化提升,成为带不走的基层党组织骨干力量。同时,广东制定了村党组织书记县级党委备案管理办法等一系列制度,完善了"头雁"岗位目标考核、小微权力清单、述职评议、村务公开等制度,将村干部特别是"头雁"的"微权"关进制度的笼子里。严格落实"四议两公开"工作机制,加大对村级组织的巡视巡察力度,强化上级监督、同级监督和党员监督、群众监督,坚决杜绝"一言堂",让权力在阳光下运行。党组织书记这支"金牌领头雁"队伍,成为广东全面建成小康社会的主心骨和生力军,为广东确保如期完成脱贫攻坚目标任务打下了坚实的基础,也为推进全面脱贫与乡村振兴战略有效衔接提供了有力保障。

链 接

连樟村党建引领脱贫奔康

英德市(县级市)连江口镇连樟村,是习近平总书记2018年视察过的村庄。2016年5月,在清远市直机关工作的张雪凡来到连樟村担任驻村第一书记,花了两个月走遍村子的每一个角落——全村贫困户55户、137人,大多因病、因学、因残致贫。2017年4月,希望改变家乡贫穷面貌的退伍军人陆飞红回到连樟村,被推举为村党总支书记。他们带领连樟村党员群众，牢记总书记的嘱托、感恩奋进，连樟村由贫困村摇身一变成了全面小康"网红村"。2016年村民人均可支配收入不足4000元，2020年一跃达到21414元，2020年村集体经济收入突破200万元大关，高质量实现全面小康。

连樟村脱贫奔康，形成了以党建引领为核心的连樟经验。在陆飞红的带领下，连樟村党总支部积极创新服务机制，建立"党总支+党支部+党小组"三级党建网格，实施"三包三联"联系服务群众工作机制，推行党员设岗定责制度，精准建立"民生微实事"清单，推动党员认领完成"微服务"。连樟村党总支部创新党群议事制度，以"固定+流动"方式在党群议事厅、田间地头、大榕树下组织党员群众共商产业发展大计，并邀请县镇村组四级部门召开联席会议，严格落实"四议两公开"，谋划产业发展规划、解决产业发展难题。在村党总支部带领下，连樟村充分利用山林资源，引进了现代农业科技示范园、生态茶园基地、观光采摘园、麻竹笋加工厂等20个产业项目，开办7家观光农场、农家乐，仅2021年春节就接待游客超5万人次。

俗语有云：天助自助者。基层党建不仅给基层带来了知识和资源，更为重要的是，给基层带来了积极性、主动性、创造性，整合了各方力量，构建起共建共治共享社会治理格局，打通了全面小康"最后一公里"。全面建成小康社会的广东实践，生动地说明了这一点。

　　党的领导、党的建设，是全面建成小康社会"广东实践""广东样本"的核心要素，也是广东奔康的根本政治保障。习近平新时代中国特色社会主义思想和习近平总书记对广东工作的重要指示批示精神，为广东奔康提供了基本遵循，是根本的理论指导和思想保障；广东省委通过"大学习、深调研、真落实"工作，科学制定决胜全面建成小康社会广东"施工图"，为广东奔康提供了领导保证和政策保障；党建引领，有效发挥了各级党组织的战斗堡垒作用和党员干部的先锋模范作用，激发了基层的内生动力，奏响了广东奔康"协奏曲"，为广东奔康提供了坚强的组织保障。全面建成小康社会的"广东实践""广东样本"，是作为"使命型政党"的中国共产党大党治贫的生动写照，更是探索中国式现代化道路的生动案例。

三、夯实广东全面小康的思想基础和体制保障

2021年7月27日，国家发展改革委下发通知，向全国推广党的十八大以来深圳经济特区五方面47条的创新举措和经验做法，鼓励各地结合实际学习借鉴，同时要求深圳经济特区积极主动作为，进一步发挥引领示范作用，协助支持各地做好推广借鉴相关工作。广东全面建成小康社会一个重要特点，是聚焦实现"四个走在全国前列"、当好"两个重要窗口"，以改革开放和体制机制创新为主线，以高质量发展为主题，全面小康的思想基础和体制保障不断夯实。深圳经验在全国推广，是广东奔康路上始终坚持思想解放和机制创新的生动写照。

（一）思想再解放、改革再深入、工作再落实

习近平总书记指出，"没有思想大解放，就不会有改革大突破"。改革开放之初，邓小平提出小康社会和中国式现代化，本身就是解放思想的产物。党的十八大以来，我国进入全面建成小康社会关键期、决胜期。始终坚持解放思想、实事求是，全面深化改

革，是如期完成全面建成小康社会各项工作任务的思想保障和根本动力。

广东是改革开放先行地、前沿地，经济社会发展"先走一步"的地方，解放思想、改革开放，是广东最为鲜明的标识。习近平总书记对广东工作提出了在更高起点、更高层次、更高目标上推进改革开放，奋力实现"四个走在全国前列"、当好"两个重要窗口"的使命和要求。广东省委提出，要高举新时代改革开放旗帜，进一步坚定改革再出发、将改革开放进行到底的信心和决心，进一步激发永不懈怠、只争朝夕的使命感责任感紧迫感，坚定不移走好改革开放这条正确之路、强国之路、富民之路；牢记习近平总书记殷殷嘱托，坚定不移肩负起广东在新时代改革开放大局中的使命担当，跑好新时代改革开放接力棒，探索出更多新鲜经验，谱写广东新时代改革开放新篇章；坚持新发展理念，坚持自力更生、自主创新，坚持发展是第一要务、人才是第一资源、创新是第一动力，全力推进广东高质量发展；掌握改革开放的方法论，抓住用好我国发展的重要战略机遇期，以新担当新作为推动改革开放再出发；找准工作突破口和着力点，更加注重改革系统性、整体性、协同性，推动战役战略性改革和创造型、引领型改革，努力塑造新的更大发展优势，研究推出一批新的重大改革举措，切实把习近平总书记重要指示要求落实到广东改革创新的实践上、体现在改革创新的成果上。

2018年，广东省委在全省深入开展"大学习、深调研、真落实"工作，明确了"1+1+9"工作部署，为新时代广东改革发展确立了行动纲领，画出了"总施工图"，思想再解放结出了丰硕成果，改革再深入有了路线图，工作再落实有了实实在在的抓手。

链 接

《中共广东省委关于加快推进新时代
全面深化改革的若干意见》

2018年4月30日，《中共广东省委关于加快推进新时代全面深化改革的若干意见》（以下简称《意见》）正式下发，吹响了广东全面深化改革的新号角。《意见》共五大部分24条，8200多字。

《意见》强调，要深入学习贯彻习近平新时代中国特色社会主义思想，加强和改善党委对全面深化改革的统筹领导，牢牢把握全面深化改革的正确方向，建立健全党委领导全面深化改革工作的体制机制，畅通改革运行机制，完善领导小组统筹、专项小组分领域负责、牵头部门具体实施、改革办综合协调的分工体系。

《意见》提出，要正确把握新时代广东全面深化改革的任务要求，聚焦重点领域和关键环节推进改革创新，加快构建推动经济高质量发展的体制机制，加快营商环境综合改革，加快推动形成全面开放新格局，加快完善城乡融合发展体制，加快健全区域协调发展体制，加快构建共建共治共享社会治理格局，加快完善民生保障体制，加快建立绿色发展体制。

《意见》鼓励支持基层探索创新，鼓励各地各部门先行先试，以制度创新为核心，大胆探索实践。抓好中央部署广东的经济特区、综合配套改革试验区、粤港澳大湾区、自贸试验区、国家科技产业创新中心、全面创新改革试验省、珠三角国家自主创新示范区等重大改革试点，试点到期后，按要求及时向中央全面深化改革委员会或有关部门提交试点情况和下一步工作建议报告。树立改革品牌意识，立足实际积极开展差别化改革探索，尊重群众首创精神，加强系统集成，不断取得更多制度创新成果，打造有广东特色和亮点的改革品牌。落实"三个区分开来"要求，建立健全制度化、可操作、真落地、见实效的容错纠错和改革激励机制，形成允许改革有失误，但不允许不改革的鲜明导向。

新时代，广东始终坚持解放思想，推进全面深化改革，推动高质量发展迈出坚实步伐、改革开放取得新突破、发展平衡性协调性持续提升、民生社会事业取得重大进展、党的领导和党的建设全面加强，决胜全面建成小康社会、决战脱贫攻坚取得决定性成就，也为开启全面建设社会主义现代化国家新征程奠定了坚实基础。

（二）"四个走在全国前列"

"四个走在全国前列"，是2018年两会期间习近平总书记对新时代广东工作提出的目标要求。具体内容是，广东要勇于先行先试，大胆实践探索，在构建推动经济高质量发展体制机制、建设现代化经济体系、形成全面开放新格局、营造共建共治共享社会治理格局上走在全国前列。"四个走在全国前列"蕴含着习近平总书记和党中央对广东依靠深化改革、扩大开放闯出一条新路来的深切期待，是习近平总书记和党中央在新时代赋予广东的崇高职责和光荣使命，是广东全面建成小康社会决胜期以及更长时间的奋斗指引和工作主线。

"四个走在全国前列"相辅相成、内在统一。经济高质量发展是基础，建设现代化经济体系是支撑经济高质量发展的具体路径，形成全面开放新格局是实现经济高质量发展、建设现代化经济体系的前提和要求，营造共建共治共享社会治理格局是其他三个"走在全国前列"的目标和保障。贯穿"四个走在全国前列"的是全面深化改革和体制机制创新，而广东这片热土上"杀出一条血路来"的改革开放精神是强大的精神动力。

广东省委要求，全省各级党组织、各级政府、广大党员干部要坚定新时代改革开放的信仰、信念、信心，鼓足勇气迎难而上，闻鸡起舞、日夜兼程、风雨无阻，勇做新时代改革开放的弄潮儿、实干家、奋进者；要牵住改革的"牛鼻子"，牢牢抓住标志性、引领性改革，以钉钉子精神狠抓工作落实，将高的标准、严的要求落到一项项工作部署上，落到一个个问题解决上，落到一件件事情成效上。

2020年，广东如期完成全面建成小康社会各项任务，"四个走在全国前列"各项工作取得重大进展。以下数据资料来自《广东省国民经济和社会发展第十四个五年规划和2035年远景目标纲要》《2020年广东省国民经济和社会发展统计公报》等文件，让我们来看其中的主要数据。

体制机制改革成效显著。国资国企管理制度、商事制度、现代财政制度及预算制度、"信用广东"平台建设、粤港澳大湾区建设合作机制、"数字政府"改革、乡村振兴战略、城乡社会治理机制等18项重大改革任务落地见效，率先推进13项创造型、引领型改革任务攻坚突破。"放管服"改革持续深化，省级权责清单事项从5567项大幅压减至1069项；持续开展"减证便民"行动，累计取消各类证明事项1220项。全面完成省市县政府机构改革任务。"数字政府"改革建设走在全国前列，2020年底，"粤省事""粤商通""粤政易"实名注册量分别超过9500万、600万、170万，网上政务服务能力稳居全国首位。深圳综合改革试点全面启动，2021年深圳五方面47条的创新举措和经验做法在全国推广。出台深化营商环境综合改革行动方案，形成58项营商环境改革制度成果，建成全国首个省级电子税务局，企业开办时间平均仅需1个工作日。全省实有各类市场主体总量达1385万户，2016—2020年的5年间净增600万户，规模以上工业企业总量突破5.5万家，居全国第一。出台"实体经济十条""民营经济十条"等政策措施，到2020年底，累计为企业降低成本超过3800亿元。

链 接

广东以"数字政府"建设优化营商环境

广东省政务服务数据管理局会同省市场监管局、公安厅、税务局、中国人民银行广州分行等部门，按照企业开办"一网通办、一窗受理、并行办理"的思路，协同推进企业开办事项办理。开发的营商通APP已经上线运行，集成金融机构投融资平台、信用信息平台、网上中介超市及涉企信息查询、对企执法信息公开等服务功能，为企业提供"一站式、免证办、营商通"移动化服务，有效解决营商环境的核心问题。

2018年11月1日，开办企业"一窗受理"系统在广东政务服务网上线运行，开办企业平均办理时间由30个工作日压缩至5个工作日内，提前完成国家要求压减至8.5个工作日以内的目标。

深化"证照分离""多证合一"改革，在原有"五证合一"基础上，通过企业基本信息共享、部门业务系统对接等方式，进一步整合省公安、人社、住建等13个部门的19个备案事项，建设"多证合一"备案信息申报系统，连接整合超过30个业务系统，最多可减少填报信息46项，业务覆盖全省所有地市，全省工商登记和"多证合一"备案业务"一次登录、一口办理"，真正实现"企业少跑腿，数据多跑路"。

现代产业体系初步形成。广东深入推进供给侧结构性改革，产业继续向中高端水平迈进，初步形成以先进制造业为支撑、现代服务业为主导的现代产业体系，已经形成电子信息、绿色石化、智能家电等7个万亿级产业集群。战略性新兴产业发展迅猛，5G（第五代通信技术）产业、数字经济规模均居全国首位。2020年，先进制造业增加值占规模以上工业增加值比重达56.1%，现代服务业增加值占服务业增加值比重达64.7%，新经济增加值占地区生产总值比重达25.2%。广东海洋经济综合试验区基本建成，海洋经济持续稳步发展，2020年广东海洋经济生产总值约1.7万亿元，占全国海洋经济生产总值的21.6%，连续26年居全国首位。

创新驱动发展取得重要突破。广东区域创新综合能力连续4年居全国首位，初步形成以广州、深圳为龙头，珠三角地区7市国家高新技术产业开发区为支撑，辐射带动粤东西北地区协同发展的创新格局。2020年全省研发经费支出占地区生产总值比重上升到2.9%，每万人发明专利拥有量达28.04件，比全国平均水平高12.24件，PCT（专利合作条约）国际专利申请量约占全国总量的41%，知识产权综合实力连续8年居全国首位；科技进步贡献率达60%，基本达到创新型地区水平。国家级高新技术企业总量达5.3万家，总数、总收入、净利润等均居全国第一。科技产业创新平台建设成效显著，累计获国家批复建设国家级创新中心3个、国家工程研究中心（工程实验室）22个、国家地方联合工程研究中心45个。高技术制造业增加值占规模以上工业增加值比重达31.1%。

链 接

深圳：高质量发展典范

深圳经济特区成立于1980年8月26日。40年来，深圳奋力解放和发展社会生产力，大力推进科技创新，地区生产总值从1980年的2.7亿元增至2020年的2.77万亿元，经济总量位居亚洲城市第五，地均、人均GDP居内地城市前列；财政收入从不足1亿元增加到2020年的9789

亿元；首创1000多项改革举措，实现由一座落后的边陲小镇到具有全球影响力的国际化大都市的历史性跨越。深圳单位GDP能耗、水耗居全国大中城市最低水平；规模以上工业总产值跃居全国城市首位，战略性新兴产业增加值突破万亿元，高新技术产业发展成为全国一面旗帜。深圳创设了全国首支规模达百亿元的天使投资引导基金，已经构建形成"基础研究+技术攻关+成果产业化+科技金融+人才支撑"全过程创新生态链。2020年，深圳全社会研发投入占地区生产总值比重达4.93%，PCT国际专利申请量2.02万件，占全国的1/3，连续17年居全国各大城市首位。

2020年6月，外贸出口逐步复苏，盐田港集装箱一度"一柜难求"。图为盐田港码头（深圳市交通运输局供图）

全面开放新格局加快形成。粤港澳大湾区建设上升为国家战略，相关制度机制逐步完善，有关工作正全力推进。截至2020年底，广东自贸试验区累计形成527项制度创新成果，41项全国首创，6项成为全国最佳实践案例，133项在全省相关范围复制推广。外贸格局持续优化，一般贸易进出口额超过加工贸易，占全省进出口总额比重由2015年的42.1%提升至2020年的51.2%。参与"一带一路"建设成果丰硕，"十三五"时期（2016—2020年），全省对"一带一路"沿线国家进出口总额累计达7.9万亿元，年均增长7.5%；中欧班列共发运1069列，发送集装箱10万标准箱，货值52.1亿美元；缔结友好城市关系累计203对，基本实现沿线主要国家全覆盖。利用外资提质增效取得新突破，五年累计实际利用外资7277.1亿元。对外投资合作实现新发展，五年累计对外实际投资693.3亿美元。

人民生活质量明显改善。2020年，全省居民人均可支配收入达41029元，"十三五"时期年均实际增长5.5%。"十三五"时期，城镇新增就业人数累计突破700万人，城镇登记失业率控制在3.5%以内。教育强镇、强县、强市和推进教育现代化先进县（市、区）实现全覆盖，公办幼儿园和普惠性民办幼儿园在园幼儿占比达86%。高等教育进入普及化阶段，高等教育毛入学率达52%。全方位、覆盖全生命周期的健康保障服务体系基本形成。人均预期寿命提高到78.4岁，高于全国平均水平。

城乡区域发展协调性明显增强。区域协调发展战略、新型城镇化战略和乡村振兴战略深入推进，"一核一带一区"区域发展格局渐次成形，城乡区域基础设施互联互通和基本公共服务均等化水平不断提升。2020年全省常住人口城镇化率达74.15%，户籍人口城镇化率达50%。珠三角地区核心引领作用进一步增强，深圳建设中国特色社会主义先行示范区、广州实现老城市新活力和"四个出新出彩"全面推进，广州、深圳"双城"联动态势初步形成，佛山进入经济总量万亿元城市行列，东莞经济总量接近万亿元，深汕特别合作区打造"飞地经济"区域协调发展创新范例。沿海经济带产业支撑强化，沿海重化产业带和海上风电等清洁能源产业集群逐步形成。珠三角地区联系东西两翼地区快速运输通道基本形成，一批高等院校和高水平医院在粤东西北地区布局建设。北部生态发展区绿色发展优势凸显，以生态农业、绿色工业、生态旅游为主体的生态产业体系初步构建，梅州、韶关获批国家生态文明示范区。城乡融合发展格局加快构建，现代化乡村产业体系初步建立，实现农业县现代农业产业园全覆盖；全省自然村基本完成基础环境整治，城乡居民人均可支配收入比由2015年的2.60：1缩小到2020年的2.50：1。

链接

广州：老城市"四个出新出彩"

"四个出新出彩"是指广州要实现老城市新活力，在综合城市功能、城市文化综合实力、现代服务业、现代化国际化营商环境方面出新出彩。推动"四个出新出彩"、实现老城市新活力，是习近平总书记对广州、对广东的重要指示要求。广东省委要求，广州要紧紧扭住粤港澳大湾区建设这个"纲"，增强粤港澳大湾区区域发展核心引擎功能，在支持深圳建设中国特色社会主义先行示范区中实现"双核联动、双轮驱动"，着力建设国际大都市，到2022年，城市能级、经济规模、创新带动力、要素集聚力和集中力量办大事能力明显提升，经济中心、枢纽门户、科技创新、文化引领、综合服务、社会融合等功能取得新突破，为全国全省发展大局提供有力支撑。

2020年，广州地区生产总值突破2.5万亿元，人均地区生产总值超2万美元，达到中等发达国家水平。产业结构不断优化，高新技术企业数量增至1.2万家，国家科技

2019年11月17日，广州南沙邮轮母港正式开航

型中小企业备案入库2018—2020年累计数全国第一，全社会研发投入强度增幅居国内主要城市首位，创新能力在国家创新型城市中排名全国第二，规模以上高新技术产业产值占规模以上工业总产值比重达50%。获评2020年全国营商环境标杆城市，南沙自贸试验区制度创新成果43项在全国、112项在全省复制推广。

社会治理体系和治理能力现代化水平不断提升。广东省有村民委员会1.9万多个，居民委员会近7000个。广东加快推进社会治理现代化，完善社会治理体系，以党建强基础、固根本，以良法促发展、保善治，推动实现政府治理与社会调节、居民自治良性互动，加快形成共建共治共享的社区治理格局，有效保障人民当家作主各项权利。不断健全党组织领导下的基层群众自治机制，强化社区治理与服务功能。制定实施两个基层党组织建设"三年行动计划"，探索符合本地实际的基层党建引领基层治理模式，形成了乡村基层治理的"南海模式""清远模式""云浮模式"。规范和完善基层选举，探索实施城乡社区议事厅制度，基层民主自治不断完善深化。顺利完成《广东省基本公共服务均等化纲要（2009—2020年）》各项任务，全省城市社区、农村社区综合服务设施覆盖率均达100%，制定了基本公共服务标准体系，公共服务体系逐步完善。"十三五"期间，全省共投入基本公共服务领域财政资金4.6万亿元，年均增长7.8%。以居住证制度为抓手推动户籍制度改革，推动公共服务常住人口全覆盖，广覆盖、多层次、标准化、公平可及的公共服务体系逐步形成。不断完善网格化治理，已在全省25932个村（社区）划分超过14万个网格，配备了约1.8万名专兼职网格员，打通了基层治理体系"最后一米"。大数据、云计算、物联网等技术广泛应用于基层治理，通过"互联网+网格化"等，不断优化基层社会治理规范化和治理功能。深入开展扫黑除恶专项斗争，坚定不移地打击黑恶势力及其"保护伞"，共打掉涉黑组织279个、恶势力犯罪集团1126个，审结涉黑涉恶案件4167件，判处罪犯17191人，立案查处涉黑涉恶腐败和"保护伞"人员9069人，各项指标名列全国前茅，基层社会、政治、经济生态进一步好转，群众安全感、满意度进一步提升。

链 接

广东乡村治理创新的三种代表性模式

推进乡村治理现代化，实现乡村善治，是全面建成小康社会和乡村振兴的重要内容。近年来，广东不断探索创新乡村治理体制机制，形成了"南海模式""清远模式""云浮模式"三种代表性模式。

"南海模式"的核心是党建引领。南海区属佛山市。南海构建了村到组、组到户、户到人的三级党建网络，夯实组织基础，使5万名党员和270万名群众有效联系，及时了解群众反映的突出问题并采取措施予以解决，做到了得民心、聚民力，夯实了党在农村的领导，凝聚了共建共治共享的合力。村党组织在坚持以经济建设为中心的同时，强化思想引领，加强以党支部书记为核心的引领队伍建设，有效增强党组织的引领效能。

"清远模式"的核心是重心下移。通过将党组织、自治、公共服务"三个重点"下移一级的方式，建立扎根群众的自治机制。将党组织从行政村下移到自然村（村民小组），在行政村建立党总支，在自然村（村民小组）、村办企业、合作社等建立党支部，扩大组织覆盖。将自治从行政村下移到自然村，缩小自治单元，村民自治职能由村委会、村民理事会、村务监督会、经济合作社等贴近群众的载体承担。将公共服务从乡镇（街道）下移到行政村，通过设立行政村的党群服务中心、下放审批权限、联网办理、代办等多种措施，为村民提供各项农村基本公共服务，大幅减少村民跑腿的距离和次数。

"云浮模式"的核心是乡贤治理。组建镇（街）、行政村、自然村（村民小组）三级乡贤理事会，充分发挥乡村熟人社会的特点和乡贤的威望，以乡贤作为乡镇行政管理与基层群众有效衔接的桥梁。在村党组织的领导下，支持乡贤理事会在组织管理、人员培养、财务核算等方面自主工作；构建以奖代补的激励制度，以竞争性项目补偿方式，对乡贤理事会申报、筹建并通过验收的美丽乡村建设项目进行回补；以乡贤理事会为中介，促成企业与农户的合作，盘活农民分散的土地交给企业经营，促进农地流转，并协调解决土地规模化、集约化、标准化生产等常见棘手问题。

新时代的广东，以奔康路上实实在在的成绩，向党中央交出了"四个走在全国前列"的优异答卷，得到中央肯定、人民认可，经得起历史检验。

（三）筑牢迈向现代化的基础

习近平总书记强调："进入全面建成小康社会决胜阶段，不是新一轮大干快上，不能靠粗放型发展方式、靠强力刺激抬高速度实现'两个翻番'，否则势必走到老路上去，那将会带来新的矛盾和问题。我们不仅要全面建成小康社会，而且要考虑更长远时期的发展要求，加快形成适应经济发展新常态的经济发展方式。这样，才能建成高质量的小康社会，才能为实现第二个百年奋斗目标奠定更为牢靠的基础。"广东全面建成小康社会，实现"四个走在全国前列"，不是人们习惯性以为的提高经济总量、加快发展速度，而是重在高质量发展的体制机制建设和格局体系建设，立足的是当下实际，着眼的是未来全局，瞄准的是世界级竞争力，目标是广东率先突破、形成可复制可推广的经验和制度，精神实质是要为全面建成小康社会、推进社会主义现代化国家建设作出广东贡献。

改革创新、攻坚克难精神始终彰显。全面建成小康社会是干出来的，"四个走在全国前列"也是干出来的。好的发展蓝图、好的施工规划是基础，但要落实，离不开改革创新、攻坚克难、闻鸡起舞、风雨无阻的实干精神。新时代，广东党员干部基层群众发扬"杀出一条血路来"的大无畏精神，以一张图纸干到底的专注和毅力，以淡定从容的心态、心无旁骛的专注、砥砺前行的毅力，以切实可行的实施方案、具体安排、配套措施，以苦干实干的具体行动，一步一个脚印，不断推动"1+1+9"工作部署落到实处，推动每一项工作都取得实实在在的成效。无论是深圳建设中国特色社会主义先行示范区、广州"四个出新出彩"，还是珠三角地区更上一层楼、粤东西北振兴发展，无不贯穿着改革创新、攻坚克难的伟大精神。

链 接

广东获国务院办公厅督查激励

督查激励是国务院开展的对真抓实干、成效明显的地方予以表扬激励，并相应采取奖励支持措施，目的是充分调动和激发各地大胆探索、改革创新的积极性、主动性和创造性。2018年，国务院设立30项督查激励。广东在国务院的督查激励中屡获殊荣。

2018年，广东共获相关27项督查激励中的19项，数量位居全国首位。

2019年，广东获激励22次，并列全国第一；获激励项数18项，并列全国第二，获激励次数和项数在沿海发达省（市）中均位列第一。

2020年，广东可参评的28项督查激励措施中，有19项获得激励，并列全国第一；省、地市、县（区）共获20次激励，继续保持在全国前列。

先行探索、先走一步成效始终突出。"四个走在全国前列"最重要的表现是可复制的体制机制创新，这方面广东成绩突出、效果显著。国资国企管理制度、商事制度、现代财政制度及预算制度、"放管服"改革、"信用广东"平台建设、"数字政府"改革、城乡社会治理机制、营商环境制度建设等重大改革，深圳五大方面的创新举措，都形成了有效的制度机制，这些都是"四个走在全国前列"的根本性的成果、广东贡献的最重要成果，也为广东如期全面建成小康社会、迈向现代化新征程打下了坚实基础。

链接

国家发改委推广深圳创新举措和经验做法

2021年7月27日，国家发改委下发《关于推广借鉴深圳经济特区创新举措和经验做法的通知》，推广党的十八大以来深圳经济特区的创新举措和经验做法，总共五大方面47条。该通知鼓励各地结合实际学习借鉴，同时要求深圳经济特区积极主动作为，进一步发挥引领示范作用，协助支持各地做好推广借鉴相关工作。

五大方面分别为：建立"基础研究+技术攻关+成果产业化+科技金融+人才支撑"全过程创新生态链；建立健全促进实体经济高质量发展的体制机制；构建以规则机制衔接为重点的制度型开放新格局；创新优质均衡的公共服务供给体制；创新推动城市治理体系和治理能力现代化。47条具体创新举措内容丰富。以建立"基础研

究+技术攻关+成果产业化+科技金融+人才支撑"全过程
创新生态链为例，包括率先形成基础研究长期持续稳定
投入机制、建立关键核心技术攻关新机制、建立科技成
果"沿途下蛋"高效转化机制、发挥政府投资杠杆作用
组建早期创业投资引导基金等8条具体制度创新举措。

国家发改委向全国推广深圳的创新举措和经验做
法，是对新时代深圳先行先试、先走一步，探索创新可
复制制度机制的高度肯定，是对广东"四个走在全国前
列"取得成效的高度肯定。

增长总量、发展质量实效始终亮眼。"四个走在全国前列"
实现程度如何，体制机制创新效果如何，要靠实践特别是经济社会
发展的成效来检验。广东经济总量连续33年位居全国第一，全面建
成小康社会各项任务如期完成，高水平小康社会成为现实，现代化
建设迈出坚实步伐，人民群众获得感、幸福感、安全感明显增强，
这些实实在在的发展成效，充分说明广东全面建成小康社会的坚实
基础和更高成色。

四、全面深化共建共享
让广东全面小康成色更足

　　2020年是全面建成小康社会决战决胜之年。1月14日，广东省十三届人大三次会议在广州开幕，政府工作报告明确了2020年广东十件民生实事，涵盖增加学前教育公办学位，提高低保、特困人员、孤儿基本生活补贴和残疾人补贴保障水平等一批民生"大礼包"；财政预算中，民生支出1.26万亿元，占比约七成。

　　全面建成小康社会，核心问题是为了谁、依靠谁、成果由谁享受？答案只有一个：人民。习近平总书记强调："国家建设是全体人民共同的事业，国家发展过程也是全体人民共享成果的过程。"广东奔康的历史进程中，始终坚持人民主体地位，彰显社会主义的本质要求和党全心全意为人民服务的宗旨。党的十八大以来，广东全面深化共建共享，全面小康成色更足。

（一）着力改善民生福祉

　　党的十一届三中全会以来，广东始终坚持深化改革开放，经济实现腾飞，取得了举世瞩目的巨大成就。1978年，广东地区生产总值仅185.85亿元，2000年则突破万亿达到10810.21亿元，2020年达到110760.94亿元，比1978年增长近600倍。40多年来，广东经济持续快速增长，为民生工作提供了坚实基础。党的十八大以来，广东全面贯彻落实新发展理念，大力推进协调发展、共享发展，民生工作进入新阶段，人民获得感、幸福感、安全感不断增强。

城乡居民收入水平大幅提高。居民人均可支配收入、居民人均消费支出和恩格尔系数都是反映居民生活水平的指标。改革开放以来，广东省人均可支配收入、居民人均消费支出增长迅速。城镇居民人均可支配收入从1978年412.13元增长到2020年50257元，增长约121倍；农村居民人均可支配收入从1978年193.25元增长到2020年20143元，增长约103倍。40多年来的小康社会建设过程中，城镇和农村居民的人均可支配收入都在迅速增长，增幅达100多倍。城镇居民人均消费支出从1978年399.96元到2020年33511.30元，增长约83倍；农村居民人均消费支出从1978年184.89元到2020年17132.33元，增长约92倍。党的十八大以来，居民收入和支出水平进一步提高，2013年广东省居民的人均可支配收入为23420.75元，2020年达到41029元，增长75.2%；2013年广东省居民的人均消费支出为17421元，2020年达到28491.94元，增长63.5%。

居民消费结构更加优化。恩格尔系数指居民家庭中食品支出占消费总支出的比重，恩格尔系数59%以上为贫困，50%—59%为温饱，40%—50%为小康，30%—40%为富裕，低于30%为最富裕。广东全省居民2020年的恩格尔系数是35.0%，其中，城镇居民恩格尔系数从1978年的66.63%下降到2020年的32.2%，农村居民恩

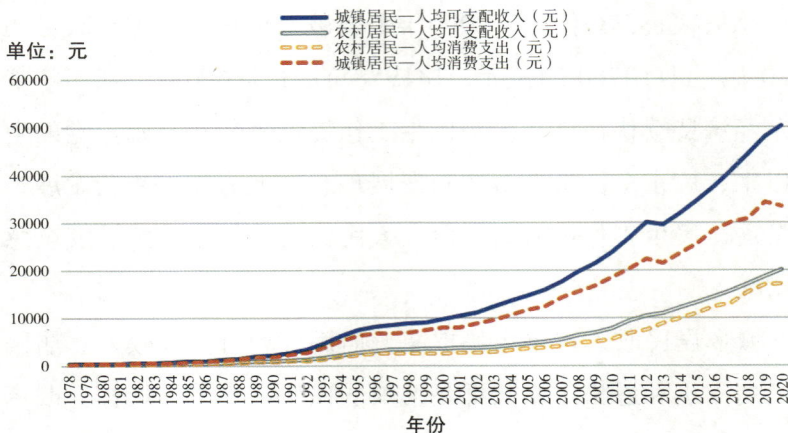

城镇居民一人均可支配收入（元）
农村居民一人均可支配收入（元）
农村居民一人均消费支出（元）
城镇居民一人均消费支出（元）

单位：元

广东省城镇、农村居民人均可支配收入及人均消费支出对比图（1978—2020年）

资料来源：《广东统计年鉴（2021）》。

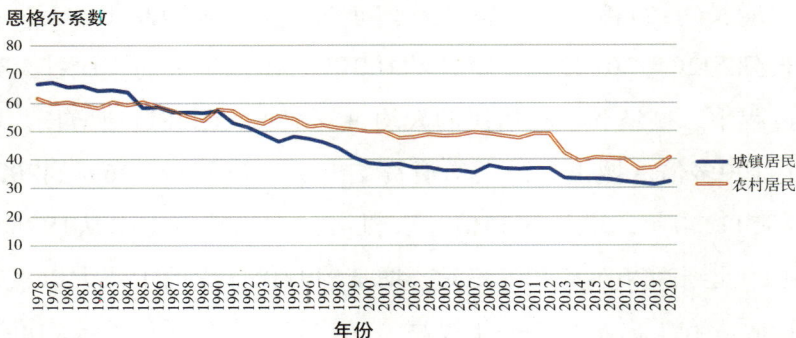

恩格尔系数

城镇居民
农村居民

广东省城镇、农村居民恩格尔系数趋势图（1978—2020年）

资料来源：《广东统计年鉴（2021）》。

格尔系数从1978年的61.7%下降到2020年的40.8%。恩格尔系数变化表明，广东城镇居民已经普遍步入了富裕行列，农村居民已经步入了全面小康。

从居民消费支出构成看，饮食、生活用品及服务消费比例呈现下降趋势。饮食消费一直是居民消费的主要构成，其次是居住、交通通信。随着生活质量水平不断提高、医疗保障制度不断完善，居民对健康生活理念的追求也越来越高，居住、教育文化娱乐和医疗保健消费比例呈现增长态势（2020年受疫情影响比例有所下降）。这也从侧面说明居民消费结构在不断升级。

广东省居民消费支出构成（2015—2020年）（单位：%）

	2015年	2016年	2017年	2018年	2019年	2020年
1．食品烟酒	34.5	34.2	33.5	32.6	32.3	33.8
2．衣着	5.3	5.2	5	4.4	4.1	3.7
3．居住	22.3	22.4	23.3	25.5	25.3	27.1
4．生活用品及服务	5.9	6	5.8	5.5	5.4	5.4
5．交通通信	14.4	14	13.6	13.1	13.2	13.4
6．教育文化娱乐	10.1	10.4	10.6	10.6	11.2	8.6
7．医疗保健	4.7	4.9	5.3	5.8	6.1	5.9
8．其他用品和服务	2.8	2.9	2.9	2.5	2.4	2.1

资料来源：《广东统计年鉴（2021）》。

居民生活质量明显提高。小康是指居民生活资料相对宽裕，丰衣足食而有余，小康成色体现在人民生活需求和质量上。广东居民对生活品质和品位有了更高的追求，吃穿住用行的消费结构从"生存"向"发展""享受"过渡，由"吃饱"转向"吃好"，由"御寒遮体"发展到"美和个性"，由"栖身之所"转变为"宜居"，在"用"和"行"上科技化、现代化特色明显。

2020年，广东省居民家庭人均住房建筑面积达到40.89平方米，其中城镇居民人均住房建筑面积37.3平方米，农村居民为48.92平方米。城镇居民平均每百户年末主要耐用消费品拥有量情况说明，"用"和"行"的条件已经很不错。智能手机以及洗衣机、电冰箱、微波炉、电视机、空调、热水器、排油烟机等家用电器拥有量也持续不断增长，人民的生活便利度和舒适度显著提高，获得感和幸福感增强。居民吃穿住用行总体上都是满满的小康水平，部分指标已经不低于高收入国家。人民生活水平不断提高，购买力不断增强，居民消费结构更加优化，居民生活质量明显提高。2020年，广东省住户存款总额为87869.94亿元，按常住人口计算人均为60235.38元；按全省居民户数计算，户均28.54万元，居全国前列。

广东省城镇居民平均每百户年末主要耐用消费品拥有量（2015—2020年）

	2015年	2016年	2017年	2018年	2019年	2020年
家用汽车（辆）	29.67	34.65	36.69	42.92	47.63	48.88
摩托车（辆）	40.15	41.38	42.62	46.42	45.55	44.9
助力车（台）	20.2	24	28.1	34.08	39.31	41.5
洗衣机（台）	70.91	75.32	78.08	91.84	93.75	94.33
电冰箱（台）	75.3	79.17	83.18	95.04	97.91	98.55
微波炉（台）	39.4	41.49	43.69	44.28	46.14	46.91
彩色电视机（台）	99.53	99.57	101.97	105.94	107.57	108.23

续表

	2015年	2016年	2017年	2018年	2019年	2020年
空调（台）	144.26	155.97	164.88	202.39	212.11	213.87
热水器（台）	83.5	85.34	88.81	101.71	102.99	105.27
排油烟机（台）	57.5	59.3	61.9	72.47	75.09	75.91
移动电话（部）	221.45	228.18	234.79	258.88	263.99	264.56
计算机（台）	84.45	86.96	88.29	83.66	86.82	88.63
照相机（台）	37.1	32.2	32	20.5	21.21	21.42

资料来源：《广东统计年鉴（2021）》。

就业结构不断优化。就业是民生之本。2020年，广东省就业总人数为7039万人，占全国就业总人数75064万人的9.38%，略高于广东人口占全国人口8.94%的比例。从就业结构而言，第一产业就业人数逐年减少，向第二三产业人数转移。近年来，第二产业就业人数基本稳定在2500万人左右，第三产业就业人数增加相对明显。广东省1978年就业总人数中第一二三产业的就业人数分别占73.7%、13.7%和12.6%，2020年分别占10.9%、35.9%和53.2%。可见，40多年来，就业结构变化很大，就业布局更趋合理。经济体迈向现代化，第三产业是必由之路。广东省近10年来，第三产业快速发展，经济贡献越来越大，带动了总就业量的增长。第三产业已经成为吸收劳动力的主要渠道，为减轻就业压力作出了很大贡献。就业结构的变化也体现了广东产业结构调整的优化，广东第二三产业的快速发展带动经济快速发展。

广东就业人员工资增速较快,获得感强。2020年广东全省各市城镇单位就业人员的年平均工资为108045元,呈现较快增长的态势。从2000年的13859元到2020年108045元,增长近7倍。

就业人数:万人

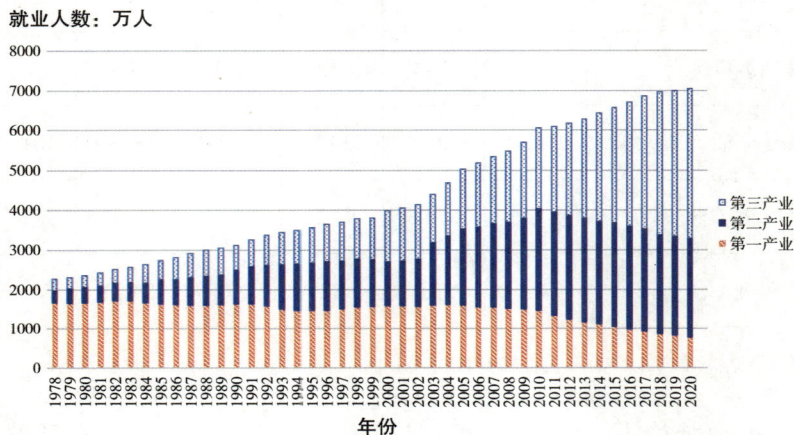

广东省三大产业就业人员年末人数（1978—2020年）

资料来源:《广东统计年鉴（2021）》。

城镇单位就业人员年平均工资（元）

广东省城镇单位就业人员年平均工资（2000—2020年）

资料来源:《广东统计年鉴（2021）》。

链 接

贫困户实现家门口就业

6月的广东已是骄阳似火，而清远市连樟村的劳动场景比天气更"火热"：80多名穿着工装的村民在扶贫车间内装配玩具零件，还有一些村民在村里刚建不久的现代农业科技示范园里穿梭，熟练地操作各种大棚设施装备。热火朝天的场面，让人很难想象几年前这里还是"没有一条好路"的空心村、贫困村。

2018年10月23日，习近平总书记在广东考察期间，专门来到清远市连樟村考察，并给脱贫攻坚工作指明了道路：产业扶贫是最直接、最有效的办法，也是增强贫困地区造血功能、帮助群众就地就业的长远之计。

2017年，在帮扶单位的帮助下，连樟村引进了一个玩具企业的加工车间。"这个车间是由闲置的村小学校舍改造的，现在有80多名工人在这里稳定就业，用工高峰时有200多个劳动力就业。"连樟村党总支书记陆飞红说。

冯彩霞是连樟村扶贫车间的车间组长，也是村里曾经的贫困户，如今她在扶贫车间工作，每个月能拿到3000多元的工资。"村里以前就业机会少，我们都去外面打工，完全照顾不到家里。现在工厂就在家门口，我们也凭自己的劳动脱了贫，生活越来越好了。"冯彩霞说。增收顾家"两不误"，正是连樟村村民盼望已久的小康生活。在扶贫车间、设施农业大棚等项目带动下，

2019年底，连樟村53户贫困户全部达到脱贫标准，有劳动能力的贫困户家庭人均年收入达2.2万元。

连樟村脱贫出列的经验在广东乡村并不少见。通过政府和社会合力带动市场主体在贫困村发展产业，提供就业机会，往往可以实现就业一人脱贫一家的效果。对于不适合外出就业的劳动力，政府主动协调企业将简单生产加工、销售服务等环节延伸到乡镇、村居，同时增设公益性岗位，兜底安置就业。截至2020年中，全省累计有26多万贫困劳动力实现在家门口就业。

对有条件外出务工的贫困劳动力，政府则倾力打造"粤菜师傅""广东技工""南粤家政"工程。"粤菜师傅"工程重在帮助农民增收致富、解决就业，"广东技工"工程重在解决技能人才供给不足问题，"南粤家政"工程重在解决城市"一老一小"服务需求问题。三大工程犹如三驾马车，拉起了知识型、技能型、创新型人才队伍，也打开了广东打赢脱贫攻坚战的生动局面。

《粤港澳大湾区数字经济发展与就业报告（2020年）》显示，2019年广东数字经济规模达4.9万亿元，占地区生产总值的45.3%；数字经济中产业数字化规模3.2万亿元，数字产业化规模1.7万亿元；数字经济提供的就业岗位2462万个，占就业岗位总数的37%。数字经济就业的低、中、高学历岗位分布均衡，部分岗位对工作经验和学历要求较为宽松，对于降低入职与转行门槛，提供相对公平的就业机会，吸纳广泛就业群体发挥重要作用。数字经济就业薪资水平较高，人才吸引能力强。此外，工作方式灵活化，兼职岗位需求旺盛。随着新兴产业迅速发展，广东通过促进传统产业就业向新兴产业就业转型，创造出大量新职业需求，为全面建成小康社会提供了有力保障。

（二）不断完善公共服务

2009年，广东在全国率先制定实施了《广东省基本公共服务均等化规划纲要（2009—2020年）》，探索推进基本公共服务均等化综合改革，以均等化为导向的公共服务体系逐渐建立和完善。2010年至2015年期间，广东省公共财政预算支出快速增长，而后一直稳步增长，2020年达17430.79亿元，是2010年的3倍多。

2021年，先后编制出台《广东省公共服务"十四五"规划》《广东省基本公共服务标准（2021年版）》，围绕幼有所育、学有所教、劳有所得、病有所医、老有所养、住有所居、弱有所扶、优

单位：亿元

广东省地方一般公共预算支出与一般公共服务支出（2010—2020年）

资料来源：《广东统计年鉴（2021）》。

军服务保障和文体服务保障等领域，建立健全服务体系，明确80项基本公共服务标准，率先提出"公共资源随人走"，让"新老广东人"都能享受广东改革发展的成果。截至目前，80项基本公共服务中已有61项实现常住人口全覆盖。

建设文化强省，文化体育服务体系全覆盖。广东先后出台《中共广东省委、广东省人民政府关于加快建设文化大省的决定》（2003）、《广东省建设文化大省规划纲要（2003—2010年）》（2003）、《中共广东省委、广东省人民政府关于争当实践科学发展观排头兵的决定》（2008）、《广东省建设文化强省规划纲要（2011—2020年）》（2010）等政策文件，从"文化大省"到"文

2019男子篮球世界杯广州赛区的比赛（广州市体育局供图）

化强省"，广东文化建设循序渐进，渐次深入。2011年，广东省基本建成市、县（市、区）、乡镇（街道）、行政村（社区）四级基层公共文化设施网络，初步解决了农民群众收听广播难、收看电视难、看书难、看电影难的问题。到2020年，已经形成服务优质、覆盖全社会的公共文化服务体系，基本形成完善的现代化公共体育服务体系。从公共预算支出看，2010年文化旅游体育与传媒预算支出166.16亿元，2020年预算支出417.22亿元。截至2020年底，广东全省共有文化馆144个，公共图书馆148个，公共图书馆藏书11687万册，博物馆（含美术馆）324个，博物馆（含美术馆）藏品数量达265.82万件，电影放映单位2845个，艺术表演团体71个，每一万人拥有公共文化设施1299.45平方米。截至2021年底，广东共建成乡镇（街道）综合文化站1619个，村级综合性文化服务中心26011个，实现省、市、县、镇、村五级公共文化服务设施全覆盖。

推进教育现代化，打造南方教育高地。1998年，《中共广东省委、广东省人民政府关于依靠科技进步推动产业结构优化升级的决定》出台，"科教兴粤"战略正式实施。2000年开始，广东提出了建设教育强省的工作目标，下大力气推进教育现代化。广东财政支出中，教育支出不断大幅增长，1990年教育支出21.34亿元，2000年144.39亿元，2010年921.48亿元，2020年则高达3510.56亿元。

基础教育不断发展。2011年以来，广东省实施了三期学前教育行动计划，2020—2021年连续两年将学前教育列入省十件民生实事，学前教育普惠性资源大幅扩大，师资力量有效加强，保教质量稳步提高，学前教育公办在园幼儿占比和普惠性幼儿园在园幼儿占比分别达到50%以上和80%以上。1996年，广东在全国率先实现基本普及九年义务教育、基本扫除青壮年文盲，适龄儿童入学率达

99.77%；2001年，广东率先探索实施义务教育政策；2006年秋季学期起，广东全面实行农村义务教育，免除农村户籍义务教育阶段学生的学杂费和课本费；2008年春季学期起，进一步实现全省城乡义务教育，比全国提早半年实现全覆盖。2007年省委、省政府出台《关于加快普及高中阶段教育的决定》，2010年提前一年实现基本普及高中阶段教育目标，2011年高中阶段教育毛入学率超过90%，提前9年完成国家高中阶段教育普及目标任务。

职业教育服务能力不断提升。2006年以来，广东省委、省政府出台一系列支持职业教育发展的政策文件，构建了具有广东特色的现代职业教育体系，提升了技术技能人才培养质量。2019年启动广东省职业教育"扩容、提质、强服务"三年行动计划，至2021年全省职业院校达到625所，在校生有280.5万人，办学规模位居全国前列；14所高职院校入选国家"双高计划"，A、B档高水平学校入选数并列全国第一；发挥职业教育资源优势，积极主动服务制造强国、乡村振兴、"一带一路"倡议、"双区"建设和横琴、前海两个合作区建设。2019年、2021年两次获国务院办公厅督查激励表扬。

高等教育现代化不断推进。1994年，广东省委、省政府印发《关于教育改革和发展的决定》，提出"积极发展、优化结构、提高质量、注重效益"的高等教育总体发展战略。21世纪初，广东大学城建设走在全国前列，广州、珠海、深圳、东莞和佛山等地先后设立了大学城和大学园区，2004年9月，广州大学城正式"开学"，中山大学、华南理工大学等10所高校首批4万多名师生进驻。广东普通高等学校学生人数1978年3.07万人，2000年29.95万人，2010年142.66万人，2020年达到240.02万人，是1978年的78倍多。2020年，广东高等教育毛入学率52%，标志着广东实现了高等教育普及化。2015年4月，广东省委、省政府印发《关于建设高水平大学的意见》，揭开了广东高水平大学建设的序幕。广东先后遴选7所高校作为高水平大学建设单位、18个学科作为高水平大学重点学科建设项目、7所高校作为高水平理工科大学建设单位，以"双高"对接国家"双一流"建设，在全国下了一步"先手棋"。

改进医疗卫生服务水平，实现为民便民利民。作为改革开放的排头兵，40多年来，广东人均预期寿命、医疗服务水平等均显著提升，医保体系日臻成熟，居民健康主要指标位居全国前列。2009年，广东再次在全国率先将新型

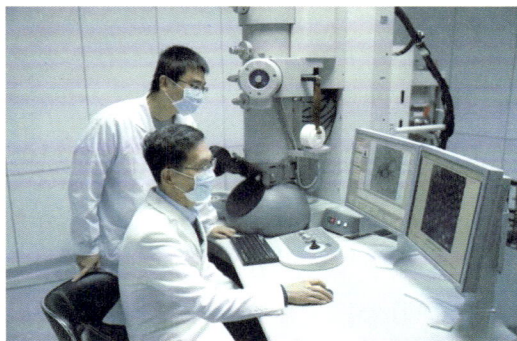

面对新冠肺炎疫情的挑战，广东公共卫生及医疗服务体系经受住了考验。图为广东省疾控中心专家开展病毒检测和研究工作

农村合作医疗与城镇居民医保合并为城乡居民医疗保险。新医改以来，广东围绕解决群众"看病难""看病贵"这个问题，以建设健康广东、打造卫生强省为目标引领，边实践边完善，旨在为群众提供优质高效的医疗服务，全面开启健康广东新篇章。1978年，广东省医疗卫生机构6949家，其中医院及卫生院1968家，床位90645张，卫生工作人员约16万人；2020年，医疗卫生机构55900家，其中医院、卫生院2875家，卫生技术人员83.21万人，床位56.47万张，其中医院及卫生院床位52.39万张，卫生工作人员100.94万人，每千人口医疗机构床位数4.47张。

　　完善公共交通，便民利民落到实处。改革开放40多年来，广东交通运输行业成为开放最早、收获最大、发展最快的行业之一，极大便利了人民群众出行，助力全面建成小康社会。1978年，广东省公路通车里程5.22万公里，没有高速公路，也没有一、二级高等级公路，甚至城市内靠渡船通行。20世纪90年代初起，广东进入高速公路建设的黄金时期。2004年，广东实现了地级以上市全部通高速。2005年，广东与陆路相邻各省都通了高速公路。2010年，全省形成"一日生活圈"。1978年，广东省仅有铁路营业里程1003公里，铁路密度仅0.56公里/百平方公里。40多年间，铁路营业里程增加了3.9倍，高速铁路更成为近10年铁路发展的一大亮点，基本形成了以广州、深圳枢纽为中心，连通粤东西北和辐射中南、华东、西南地区的路网格局。截至2020年底，全省公路通车里程约22.19万公里，铁路营业里程4871公里，民航航线里程369.21万公里，全省民用汽车2500.92万辆。

2018年7月1日，广东江门至湛江铁路全线正式开通，全长357公里，设计时速200公里（江门日报社周华东 摄）

链　接

十件民生实事

　　广东各级人民政府年度工作报告，都要列明十件民生实事。这是广东各级党委、政府向社会的承诺，也是推动全面建成小康社会的重点工程。从广东省级历年十大民生实事内容看，老百姓关注的教育公平、就业创业、医疗卫生、基本民生保障、基础设施、脱贫攻坚、乡村振兴等均在其中。

　　十件民生实事的第一个特点，是回应社会关注热点。最具代表性的是教育。2011—2017年的十件民生实事均有与"教育均衡协调发展"相关的实事项目，2018年提高山区和农村边远地区学校教师生活补助，2019年建立涵盖学前至高中各学段的生均经费保障，2020年增加学前教育公办学位供给，广东对教育相关的民生实事越抓越细、越抓越实。尤其是2018年以来，省级十件民生实事直接回应了社会高度关注的农村教师待遇、全面放开"二孩"政策后孩子入园等热点问题，关注切口更小、导向更精准，呈现出"精细化民生"的特征。

　　聚焦群众紧迫问题，也是十件民生实事的重要特征。底线民生关系困难群众的基本生活保障，关系全面建成小康社会的成色。近年来，广东民生社会保障的网底不断筑牢织密，以多年连续写入十件民生实事的全省城镇、农村最低生活保障为例，2018年城乡低保人均补差水平分别是每月503元、228元，2019年提高到554元、251元，2020年为609元、276元，保障力度不断加大，意义不言而喻。

十件民生实事工作启动十年来，广东各级政府坚持真金白银投入，切实发挥财政资金在保障和改善民生中的重要作用，全省十件民生实事总投入资金累计超过1.4万亿元。

（三）强化社会保障兜底

改革开放以来，广东城乡经济体制改革和商品经济迅速发展，社会保障体制改革走在全国前列，保障水平逐年提高，已经形成了多渠道、多层次、多形式发展社会保障事业，为全面建成小康社会提供了重要保障。

基本民生保障不断完善。2013年，广东出台《关于提高我省底线民生保障水平的实施方案》，将城乡低保、农村"五保"、医疗救助、基础养老金、残疾人保障、孤儿保障六大类纳入保障范围，不断加大投入。同年印发的《广东省人民政府办公厅关于建立全省城乡低保最低标准制度的通知》率先在全国建立城乡低保最低标准制度。2017年，广东出台《广东省社会救助条例》，建立"9+1"社会救助体系。加强养老、恤孤助残工作。发展社会福利和慈善事业。2020年4月，广东省民政厅、广东省扶贫办联合印发《社会救助兜底脱贫行动实施方案》，编密织牢基本民生兜底保障网，确保贫困人口应保尽保、应补尽补、应救尽救，"不漏一户、不落一人"。

链 接

让低保户渡过难关、无后顾之忧

"感谢党的政策，帮我渡过难关，现在我一家四口每月能领到1104元低保金。村委会干部、镇民政部门和驻村扶贫工作组还帮我联系银行办理无息贷款，让我重新养猪，以后的生活肯定会越来越好。"建档立卡贫困户施建德说。

施建德是省定贫困村——湛江市遂溪县界炮镇坦塘村委会下坦塘村人。2015年，施建德因给妻子治病而欠下一大笔债，后又接连经受失去妻子和父亲的痛苦，背负债务的同时，还要供子女读书、照顾年过九旬的母亲，生活的种种打击让他沉默寡言、一蹶不振。

2016年，村委会干部、镇民政部门和驻村扶贫工作组了解情况后，一方面对施建德开展心理疏导；另一方面积极为他解决生活生产困难，帮他申请办理低保，纳入建档立卡精准扶贫户，为他正在念中学的一对子女申请了每人每年3000元的助学金，还为他申请资金进行危房改造。同时了解到，施建德因家庭变故才放弃养猪，但他对养猪仍念念不忘，只是苦于没有资金又欠着债务，所以不敢提起。

为了使他重新振作并尽快脱贫致富，工作组为他联系养猪专业户讲解养殖技术和风险规避，并联系银行为他办理无息贷款7.6万元。经过几年帮扶，施建德养殖的

贫困户施建德（右）入住新房

生猪存栏数已达70头，2020年2月和6月各卖出一批猪后共赚到7.5万元。通过民政部门和驻村扶贫工作组的精准帮扶，施建德自2020年6月起符合退出低保户的条件。

社会保险实现全覆盖。广东积极探索建立和完善城乡居民社会保险制度。2007年，广东通过个人缴费、集体补助、政府补贴多渠道筹集资金，解决被征地农民的养老保障问题，初步形成了农村养老保险制度框架。在此基础上，按照国家的统一部署，出台了《广东省新型农村社会养老保险试点实施办法》，全面推进新型农村社会养老保险。2012年7月1日，全省新型农村和城镇居民社会养老保险第四批试点全面正式启动，新型农村社会养老保险和城镇居民社会养老保险实现全覆盖，试点启动时已年满60岁以上居民不用缴费，每月可领取基础养老金。广东新型农村合作医疗制度建设从无到有，进展迅速。居民基本医疗保险从低水平起步，着眼于保障基本的医疗需求，医疗保障范围已从城镇职工基本医疗保险制度覆盖范围扩展到省内各统筹地区城乡居民。从2013年起，广东逐步建立统一的城乡居民基本养老保险制度并实现人群全覆盖，逐年提高城乡居民基本养老保险基础养老金最低标准。2010年城镇职工和城乡居民社会养老保险参保人数3384.61万人，2020年已达7530.22万人。2020年城镇职工和城乡居民基本医疗保险参保人数达10991.44万人。各种社会保险基金征缴收入稳步增加，各险种基金收入、基金结余均有较大的增长。

2020年广东省社会保险参保人数和基金征缴收入表

	城镇职工基本养老保险	城乡居民基本养老保险	城镇职工基本医疗保险	城乡居民基本医疗保险	失业保险	工伤保险	生育保险
参保人数（万人）	4873.06	2657.16	4578.14	6413.3	3603.43	3866.66	3799.82
基金征缴收入（万元）	29539370	550288	15008866	1999824	491594	203105	—

资料来源：《广东统计年鉴（2021）》。

社会保障水平不断提高。广东以保基本、兜底线、促公平为重点，不断加大社会保障事业经费投入，加快健全基本公共服务体系，逐步建立覆盖城乡的底线民生保障体系，社会保险规模日益壮大，城镇职工和城乡居民参保人数与受惠群体增加，社会保障服务水平不断提高，惠及群众范围不断扩大，公共财政日益注重惠及社会困难群体，"兜底"功能日益显现。民政事业经费支出方面，广东用于社会保障和就业的经费从2010年的469.58亿元，增加到2020年的1807.20亿元，社会福利支出和城乡居民最低生活保障金支出涨幅最大。城乡居民最低生活保障人数也从2010年的224.70万人下降到2020年的142.97万人，但城乡居民最低生活保障金支出从2010

单位：亿元

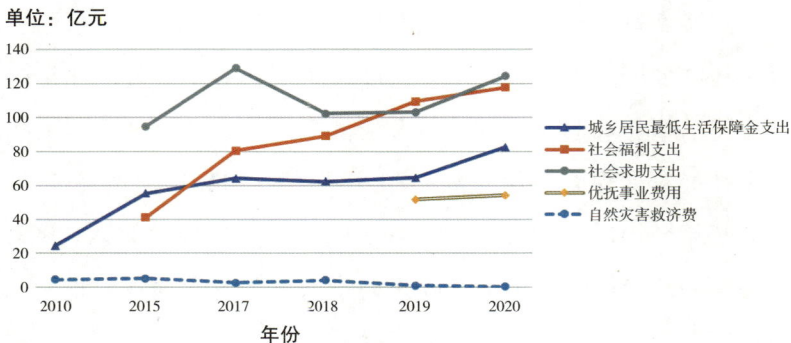

广东省优抚、社会救助和福利事业支出情况（2010—2020年）

资料来源：《广东统计年鉴（2021）》。

年的24.45亿元增加到2020年的82.74亿元。社会福利支出从2015年的40.89亿元增加到2020年的117.74亿元。社会救助总人数2010年是288万人，后基本呈现下降趋势，2020年为180.35万人。广东全省常住人口社保卡持卡率快速增长，2010年持卡率是17.34%，2020年达98.95%。2020年末，广东五大险种累计参保超过2.98亿人次，基金累计结余近1.7万亿元，均居全国首位。2020年，全省优抚事业费用达到54.28亿元，优抚事业单位有39个，服务对象35347人次。

社会特殊群体保障水平不断提高。推动残疾人等特殊群体共享社会发展成果，真正做到"不漏一户、不落一人"，是全面建成小康社会的应有之义。2020年，广东全省各级共有残疾人康复机构859个，在岗人员30771人，其中管理人员2568人，专业技术人员21247人，得到基本康复服务的儿童及持证残疾人共343930人；城乡残疾居民参加社会养老保险人数达994756人，60岁以下参保的重度残疾人448475人，其中得到政府参保扶助436893人，享受代缴比例达到97.4%；128436名非重度残疾人也享受了全额或部分代缴优惠缴费政策。

五、丰富广东全面小康生态内涵

2018—2020年，广东省连续三年在环境治理领域获得国务院激励，获得激励城市分别为深圳市、韶关市、东莞市。

生态兴则文明兴，生态衰则文明衰。改革开放以来，广东先行一步，经济社会发展取得举世瞩目的成就，但环境与发展之间的关系也一度趋于紧张，资源环境压力不断加大。广东经历了从生态环境被动治理到主动探索经济发展与生态环境保护相协调，再到迈入生态文明建设新时代的艰巨历程。党的十八大以来，广东以习近平生态文明思想为指引，担当作为，负重前行，坚决打赢污染防治攻坚战，不断丰富广东全面小康生态内涵，奋力打造新时代中国特色社会主义生态文明的标杆和示范。

（一）打赢污染防治攻坚战

打赢污染防治攻坚战，是党的十九大作出的重大战略部署，是全面建成小康社会的三大攻坚战之一。2015年，广东颁布了修订后的《广东省环境保护条例》，为广东生态文明建设提供了重要法治保障。为打好污染防治攻坚战，2018年，广东印发了《广东省打好污染防治攻坚战三年行动计划（2018—2020年）》，明确到2020年，完成国家下达的总量减排任务，主要污染物排放总量大幅减少，生态环境质量总体改善，实现环境质量状况、绿色发展水平、生态环境治理能力走在全国前列。这一行动计划吹响了广东省污染

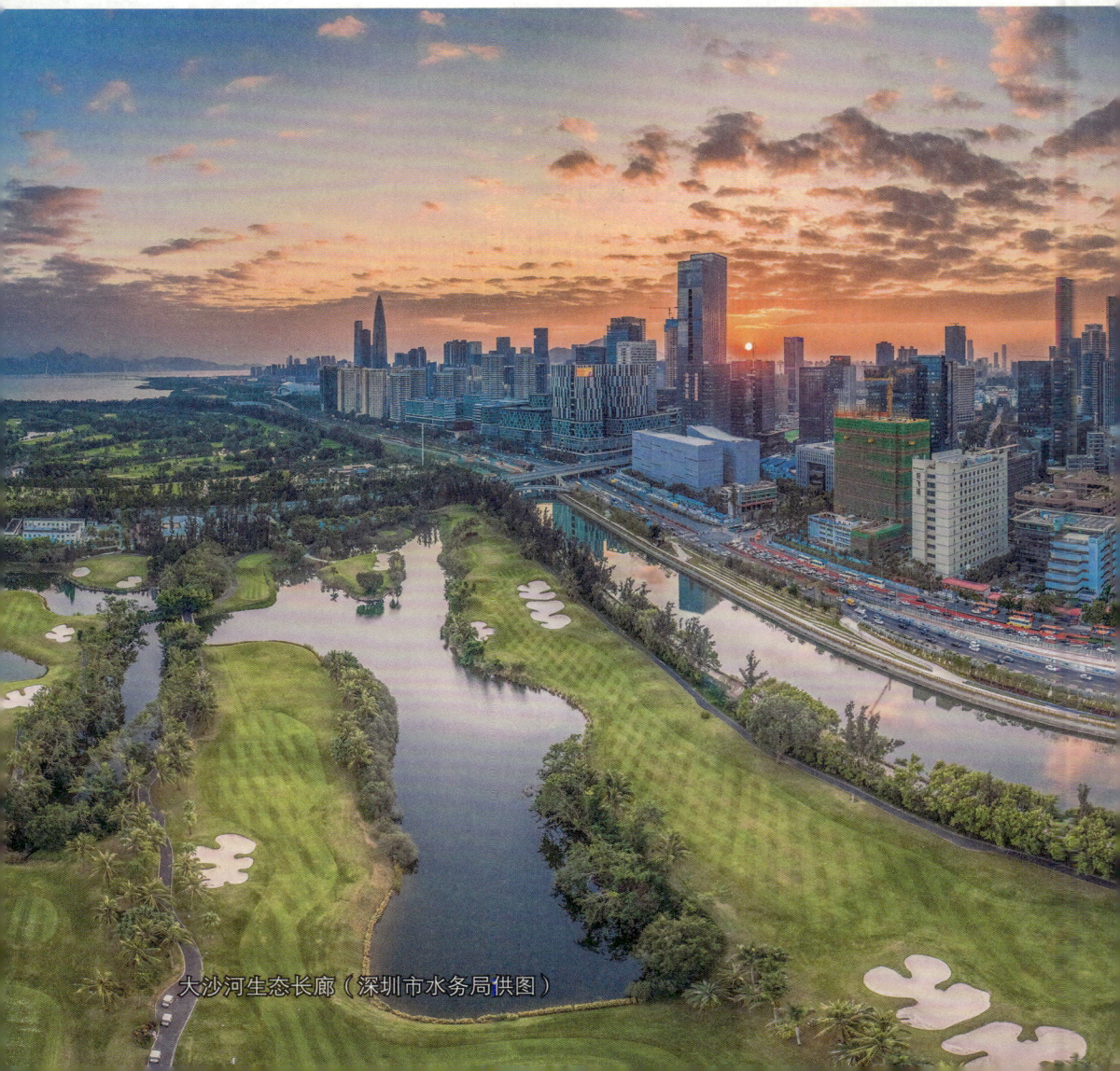

大沙河生态长廊（深圳市水务局供图）

防治攻坚战的总攻号角，对于进一步推动广东省生态环境质量改善、建设美丽广东，为实现"四个走在全国前列"、当好"两个重要窗口"提供坚实的生态环境保障具有重要意义。

大气治理捍卫"广东蓝"。作为经济大省，广东是国内被雾霾肆虐最早的地区之一，也是第一个将PM$_{2.5}$列入空气质量评价并向公众发布数据的省份。广东不断推出多项举措谋求大气治理

领跑全国，捍卫"广东蓝"。2009年，广东颁布了《广东省珠江三角洲大气污染防治办法》，2010年，广东制定实施了《广东省珠江三角洲清洁空气行动计划》，成为国内首个实行大气区域联防联控的省份，率先建成具有国际先进水平的珠三角区域大气复合污染立体监测网络，在机制、法规、监测等多方面都走在全国前列。广东大气环境质量领跑先行，连续六年全年指标达标。2020年全省AQI（空气质量指数）达标率95.5%。按照《环境空气质量标准》评价，全省21个地级以上市中，20个地级市二氧化硫、二氧化氮、可吸入颗粒物、细颗粒物、臭氧、一氧化碳六项污染物年平均浓度均达到二级标准。2020年，全省二氧化硫年平均浓度为8微克/立方米，比上一年下降11.1%，各市平均浓度均达到国家《环境空气质量标准》一级标准。二氧化氮年平均浓度为21微克/立方米，比上一年下降19.2%，各地级市均达到一级标准。可吸入颗粒物年平均浓度为38微克/立方米，比上一年下降17.4%，各地级市均达到二级标准。细颗粒物年平均浓度为22微克/立方米，优于世界卫生组织第二阶段标准，比上一年下降18.5%。臭氧年平均浓度为138微克/立方米，比上一年下降12.7%，20个地级市达到二级标准。一氧化碳年平均浓度为1毫克/立方米，比上一年下降16.7%，各市均达到一级标准。与上一年相比，21市的环境空气质量均有所改善，其中肇庆、东莞、佛山、中山4市改善幅度高于20%。广东空气污染物浓度状况整体呈下降趋势，尤其是2018年以来，污染物浓度明显下降，大气污染治理成效显著。

水环境质量稳中向好。2017年，《广东省西江水系水质保护条例》颁布，在全国跨省水系水质保护和联合防治上开了先河。

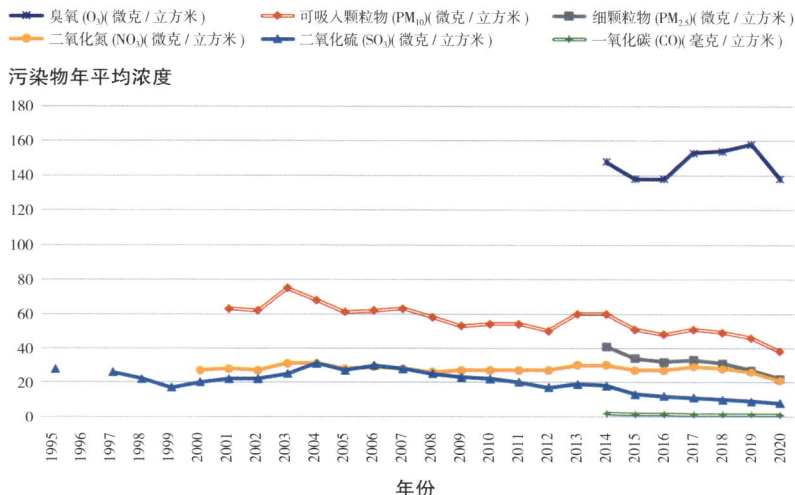

图例：
- 臭氧 (O₃)(微克／立方米)
- 可吸入颗粒物 (PM₁₀)(微克／立方米)
- 细颗粒物 (PM₂.₅)(微克／立方米)
- 二氧化氮 (NO₂)(微克／立方米)
- 二氧化硫 (SO₂)(微克／立方米)
- 一氧化碳 (CO)(毫克／立方米)

污染物年平均浓度

广东省历年环境污染物年平均浓度（1995—2020年）

资料来源：1995—2020年广东省环境状况公报。

2019年，广东省生态环境厅印发《广东省生态环境厅2019年水污染防治攻坚战工作方案》。2020年11月27日，广东省第十三届人民代表大会常务委员会第二十六次会议通过《广东省水污染防治条例》，自2021年1月1日起施行。近十年来，广东省水环境质量稳中向好，西江、北江、东江、韩江干流水质优良，县级以上集中式供水饮用水水源基本稳定达标，重污染河流污染态势得到有效遏制。广东坚持密切监视湖泊、水库的水质变化情况，防止水质退化，强化湖泊、水库水质监控预警。2020年，广东省35个省控水库水质良好（29个水库为饮用水水源），对79个在用集中式供水饮用水水源水质开展了监测，水源水质达标率为100%。回顾往年省集中式供水饮用水水源水质达标情况，自2011年饮用水水源水质100%达标之后，近十年来饮用水水源水质达标情况均相对比较稳定。2020年，全省国考断面水质优良比例达87.3%。

单位：%

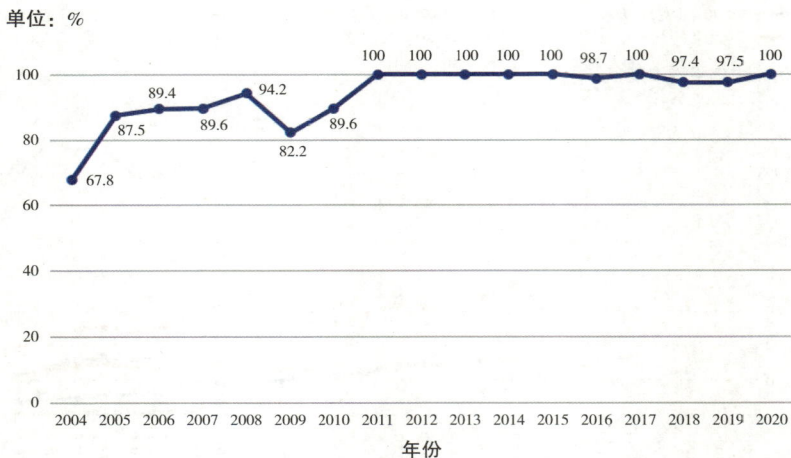

广东省集中式供水饮用水水源水质达标率（2004—2020年）

资料来源：2004—2020年广东省环境状况公报。

习近平总书记2018年视察广东指出的9个劣Ⅴ类国考断面全部消除，地级及以上城市建成区527条黑臭水体全面消除黑臭，近岸海域水质优良比例达到89.5%。

链 接

涅槃重生茅洲河　美丽生态幸福河

茅洲河位于深圳市西北部，流经深圳市光明区、宝安区和东莞市长安镇，最终汇入珠江口，为深莞界河，流域面积388平方公里，干流长31.3公里。茅洲河曾是珠三角地区污染最严重、治理难度最大、治理任务最紧迫的河流，水质长期列全省倒数第一。经过系统治理，茅洲河共和村断面平均水质达到Ⅳ类，再现水清岸绿、鱼翔浅底景象，深圳市水上运动训练中心在此落户，"流浪"近20年的皮划艇队回归母亲河，停办多年的龙舟赛重新开赛，茅洲河治理成效被央视《共和国发展成就巡礼》《美丽中国》等纪录片收录，央视《焦点访谈》栏目用近15分钟的篇幅播报。

短短4年，茅洲河实现了从"黑臭河"到"生态河"、从"墨汁河"到"网红河"的转变，华丽转身背后，主要源于七方面的努力。

一是全力构建党政主导、全民参与的治水新格局。省委主要领导亲自挂点督导茅洲河水环境整治工作，指导推动解决重点问题。构建由政府河长、河湖警长、民间河长、志愿者河长、红领巾小河长等组成的立体式河湖长体系。

二是探索实施"全流域治理、大兵团作战"新模式。采用EPC和EPCO总承包方式，对茅洲河流域治理项目统筹打包，实现项目质量、效率大幅提升。高峰时期，流域内一线施工人员3万多人、施工作业面1200多个，创造了最高单日敷设管网4.18公里、单周敷设24.1公里的国内纪录。

三是走出"污水全收集、全处理、全回用"的新路子。狠抓污水管网建设和小区正本清源改造，建成污水管网2029公里，完成小区、城中村正本清源改造2482个；狠抓提标拓能，茅洲河流域新增污水处理能力81万吨，总处理能力达到120万吨/日，出水水质全部达到地表水准Ⅳ类标准。

四是全面建立生态系统修复新格局。采用生态护岸、柔性生态护底、敞口明渠等措施，建成6座生态湿地、6个城市公园，重构河流生态系统，为鸟类、两栖类、哺乳类动物提供栖息生境与生态廊道。

五是深化创新流域管理机制。首创茅洲河等五大流域下沉督办组和四大流域管理中心，以市级河长为引领，以流域下沉督办协调组为抓手，以流域管理中心为枢纽，辖区政府分片包干的全流域统筹、全要素治理

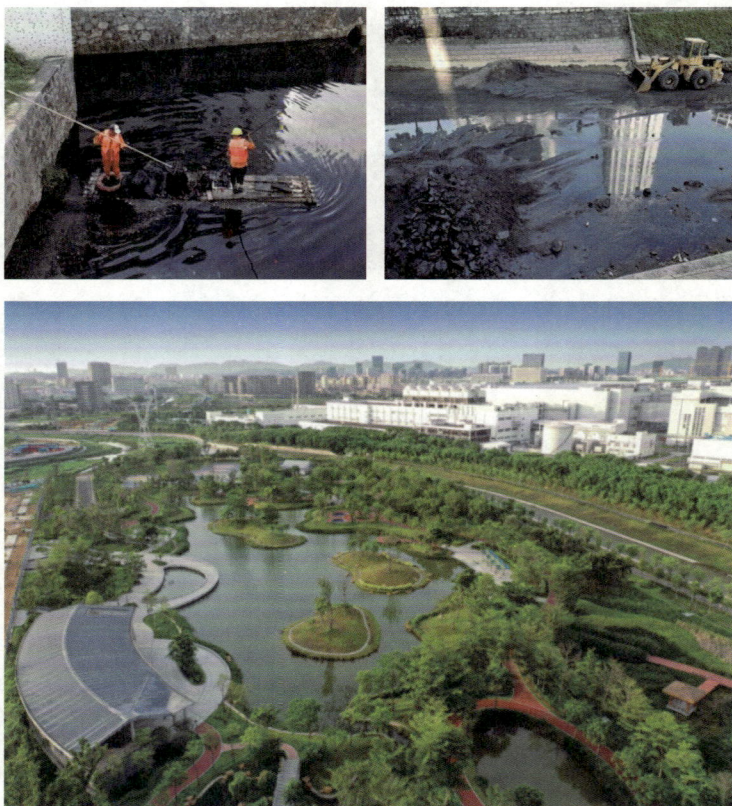

茅洲河治理前后对比

机制。

六是用好合作机制协同治水。由广东省生态环境厅牵头，联合东莞市建立"一月一会"的茅洲河联席会议机制。建立深莞两市紧密型水质监测数据交换机制，每天对接交换茅洲河干支流水质监测数据。建立常态化深莞联合执法机制，每月开展一次以上联合执法行动，整治"散乱污"企业4000多家，淘汰重污染企业77家。

七是高质量推进碧道建设。在茅洲河流域建设"一河引领、六段生辉"的205公里碧道，打造碧水清流的生态廊道、人水亲近的共享廊道、水陆联动的发展廊道，实现治水、治产、治城相融合，生产、生活、生态相协调，把治水的"大投入"转化成发展和民生的"大产出"。

土壤污染防治取得积极成效。快速工业化和一段时期对生态环保的忽视，给广东带来了较为严重的土壤污染。近年来，广东下大力气解决土壤污染问题。2016年底，广东省人民政府印发《广东省土壤污染防治行动计划实施方案》。2017年，广东省环境保护厅印发《广东省环境保护厅关于土壤污染治理与修复的规划（2017—2020年）》。通过合理分解目标任务，成立工作专班、工作推进组和技术联合攻关与指导组，采取"点对点"技术指导服务对各地市县开展包片培训等，统筹推进工作落实。在博罗县、高要区等7个县（市、区）建立了省级耕地安全利用集中推进示范试点，累计示范面积达5000亩次，带动各地受污染耕地安全利用集中推进工作。此外，自主建设省级例行监测点2005个，建成覆盖全域的农产产

佛山市开展高铁沿线环境专项整治行动

地环境监测网点，建立了7826个点位的覆盖全省所有县（市、区）的土壤环境监测网络。省内多家科研院校不断提质扩面，在粤东西北和珠三角地区的惠州、梅州、茂名、清远、江门等9个市11个县典型污染区域持续开展区域性受污染耕地安全利用试验示范和技术验证，先后研发了营养型土壤重金属钝化技术、纳米硅溶胶叶面阻隔技术、农作物与修复植物间套种技术、低积累名特优农产品替代技术等多种模式，为全面推进受污染耕地安全利用提供技术储备和保障。

（二）推动绿色转型

习近平总书记强调："坚持节约资源和保护环境的基本国策，像保护眼睛一样保护生态环境，像对待生命一样对待生态环境，推动形成绿色发展方式和生活方式。"党的十八届五中全会提出绿色发展的理念，将"绿色发展"定位为我国长远发展的科学发展理念和发展方式。小康全面不全面，生态环境很关键。解决环境与发展之间的矛盾，探索绿色发展之路，是摆在广东省面前的重大课题。广东以绿色发展的理念加强生态文明建设，以绿色生产、绿色生活的生态文明建设举措，大踏步地迈向生态小康社会。绿水青山就是金山银山。从推动绿色生产和生活方式入手，将绿色发展理念和环保生活理念根植于广大群众心中，并内化于心、外化于行，在推动绿色发展中实现均衡、节约、低碳、清洁、循环、安全发展。在这个进程之中，绿色生产和绿色生活的转型虽然艰难，但还是取得了阶段性重大成果。

全力推动产业绿色转型。改革开放40多年来，广东从落后的农业省一跃而上，进入工业化快车道，成为全国第一经济大省。广东传统产业仍占较大比重，实现绿色发展面临巨大的经济转型压力。广东积极按照"加快转变经济发展方式"的要求，探索"绿色转型"的突围之路，广东的绿色生产方式落地，首先是推行产业绿。2008年7月，广东省委、省政府率先出台《关于加快建设现代产业体系的决定》。2010年9月，印发《广东省现代产业体系建设总体规划》，这是我国第一份完整的现代产业体系规划。党的十八大以来，广东省全面贯彻落实创新、协调、绿色、开放、共享的新发展理念，以高质量发展为轴线，推动经济转型升级，"绿色化"水平明显提升。珠三角产业结构由工业主导的"二三一"格局调整为服务业主导的"三二一"格局。近年来，提前超额完成冶炼、水泥、造纸等行业落后产能淘汰任务。

链 接

转型升级打造现代产业新体系
绿色发展筑牢粤北新屏障

地处粤北山区的韶关市，是广东省老工业城市。近年来，韶关市以高质量发展为引领，推动产业结构调整和城市更新改造，城市发展活力和内生动力有效增强，传统产业加快转型升级，新兴产业培育取得新进展，生态文明建设展现新风貌。2019年，韶关市入选国家第二批产业转型升级示范区。

2019年10月22日，红军长征粤北纪念馆在仁化县城口镇建成开馆（张伟 摄）

　　以转型升级打造现代产业新体系。例如，韶钢以智慧制造为引擎，主打冷镦钢、轴承钢及汽车用钢为核心的中高端棒线产品，推动高质量发展。韶钢智慧中心实现了铁区和能介生产的大规模集控、无边界协同和大数据决策，信息传输业务增加值增长30%。南雄犁牛坪、新丰金竹、乳源大布等风电场已建成投产。"华南数谷"云计算中心、广东联通智能BPO、广东移动5G智慧城市及大数据产业合作稳步推进。以红色旅游和生态旅游为重点，加快发展现代服务业，红军长征粤北纪念馆建成并开馆。"大丹霞、大南华、大南岭、大珠玑"景区建设进展顺利。

　　以绿色发展筑牢粤北生态新屏障。高起点规划建设粤北生态特别保护区，划定韶关市范围1000平方公里。"全国绿化模范城市"通过省级验收。2019年，市区空气质量（AQI）优良达标率为92.6%，PM$_{2.5}$平均浓度为29微克/立方米，同比下降12.1%，改善幅度居全省第一。断面水质全面达标优良比例达100%，是全省唯一无黑臭水体的设区市。全市累计完成治理复绿面积55公顷。森林覆盖率、有林地面积、活立木蓄积量和自然保护区面积均稳居全省第一。全市创建国家森林城市已完成国家林草局双备案，成为全省首个实现全域创森备案的地级市。

以融合发展开拓产业发展新路径。积极融入大湾区建设，深圳华为数据中心、深圳宝能旅游物流等大型龙头项目已落户韶关。粤港澳大湾区"菜篮子""米袋子""果盘子"工程、大湾区与内地商贸物流集散地、粤港澳大湾区先进装备制造业共建基地、粤港澳大湾区旅游休闲度假首选地等加快打造。实施广州韶关融合发展战略，两市重新签订战略合作协议，共同在交通、产业、科技金融、社会公共事业等方面进行融合发展。

积极推进能源优化利用。广东省能源生产总量持续增加，总体趋于稳定；能源结构在逐步优化，稳步控制能源消费总量增长，特别是煤炭和石油高碳能源的增长，能源多元化发展，加快可再生能源和新能源对常规化石能源的替代。2000年广东能源生产总量为3711.69万吨标准煤，2020年为8563.01万吨标准煤，是2000年的2.3倍。广东能源生产总量不断增长的同时，能源生产的构成也随之发生变化。2000年，在广东能源生产结构中原煤占有8%的比例；2010年以后，原煤在能源生产总量构成中占0%，原油的构成比例下降，一次电力等清洁能源构成比例上升。

<h3 style="text-align:center">广东省能源生产总量及构成表（2000—2020年）</h3>

	2000年	2005年	2010年	2015年	2018年	2019年	2020年
能源生产总量（万吨标准煤）	3711.69	4758.79	4858.07	6862.51	7079.05	8377.25	8563.01
构成（%）	100.0	100.0	100.0	100.0	100.0	100.0	100.0
原煤（%）	8.0	7.2	–	–	–	–	–
原油（%）	53.6	44.1	37.8	32.8	28.1	25.2	26.9
天然气（%）	11.3	12.5	21.5	18.7	19.3	17.8	17.7
一次电力及其他能源（%）	27.1	36.2	40.7	48.5	52.6	57.0	55.4

资料来源：《广东统计年鉴（2021）》。

　　在绿色转型升级中，环保成为重要的抓手。广东省强调推动绿色发展，用节能减排倒逼企业提高创新能力，淘汰落后产能，提高经济绿色化程度。广东的节能减排情况，可以从单位GDP能耗和单位GDP电耗看出。单位GDP能耗上升（正数）或下降（负数）是能源利用效率指标，是考核节能降耗的关键指标。近十年来，广东的单位GDP能耗一直在下降，尤其是2015年单位GDP能耗下降5.71%，2016年至2020年，下降趋势变缓，2020年单位GDP能耗下降1.16%。单位GDP电耗也是节能减排的指标之一。近年来，广东的单位GDP电耗除了2020年上升1.16%，其他年份都处于下降趋

广东省单位GDP能耗和电耗增长速度（2010—2020年）

资料来源：《广东统计年鉴（2021）》。

势，尤其是2015年单位GDP电耗下降6.1%，2016年后下降趋势变缓，节能减排效果明显。

积极开展工业减废与废弃物再利用。固体废物方面，综合利用量逐年提升。2010年广东省工业固体废物产生量5455.8万吨，2019年增长至10110.67万吨；2010年固体废物综合利用量是4952.6万吨，2019年增至7330.87万吨。固体废物的处置量有所增加，2019年工业固体废物处置量924.88万吨。

工业废水方面，2005年，广东省工业废水排放量是23.16亿吨，达到历史最高点，而后逐年下降，2019年排放量降为12.99亿吨。废水中的化学需氧量（COD）和氨氮也在2011年后逐渐呈现下降趋势。2011年废水中COD排放量188.45万吨，到2019年排放量减少到62.59万吨；2011年废水中氨氮排放量23.1万吨，到2019年排放量减少到4.45万吨。此外，2010年每一万元GDP用水量是103立方米，2020年每一万元GDP用水量是37立方米，节约大量水资源。

单位：万吨

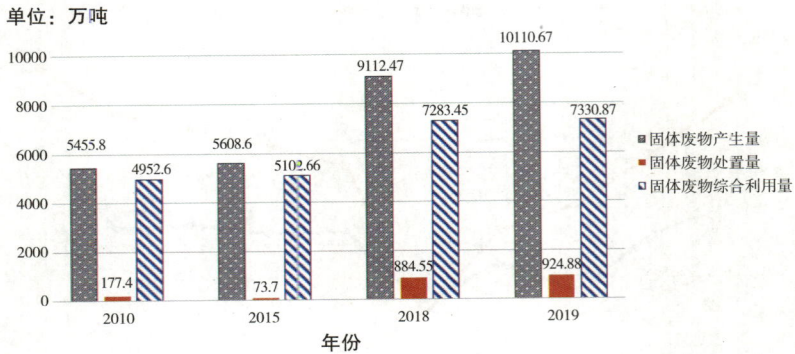

广东省工业固体废物产生、处置及综合利用量（2010—2019年）

资料来源：《广东统计年鉴（2021）》。

单位：亿吨

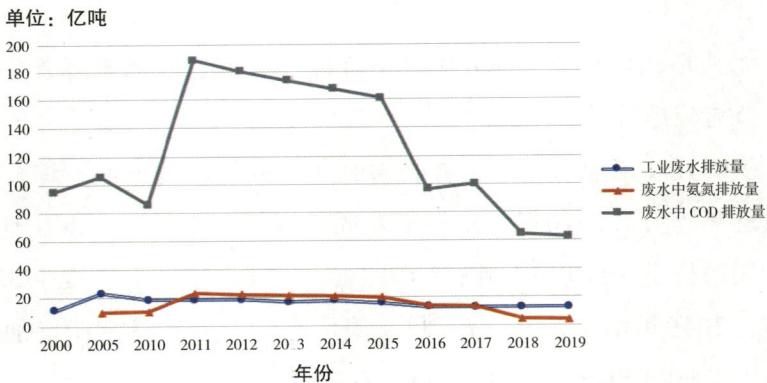

广东省工业废水及污染物排放量（2000—2019年）

资料来源：2010—2021年广东统计年鉴。

工业废气方面，排放总量仍在增加，但污染物总量逐年减少。2000年广东省工业废气排放总量是8326亿立方米，2020年达到48821亿立方米，是2000年的5.86倍。但工业废气主要污染物工业二氧化硫和工业氮氧化物的排放量呈现明显下降趋势。2005年工业二氧化硫排放量是127.4万吨，到2019年排放量减少到11.33万吨。工业氮氧化物排放量也明显下降。

单位：万吨

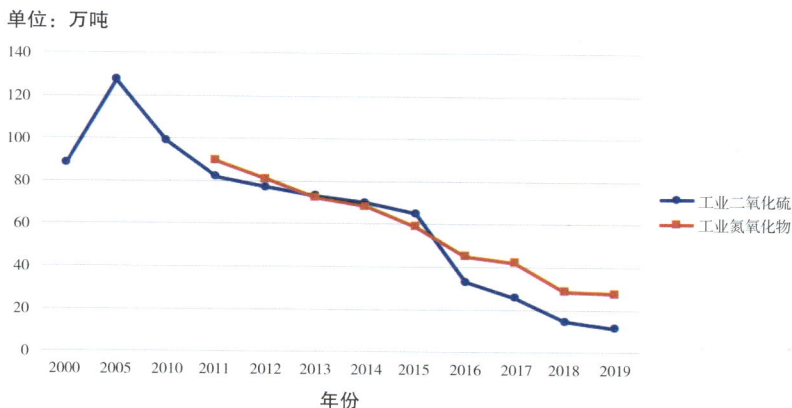

广东省工业废气污染物排放量（2000—2019年）

资料来源：2010—2021年广东统计年鉴。

单位：立方米/人

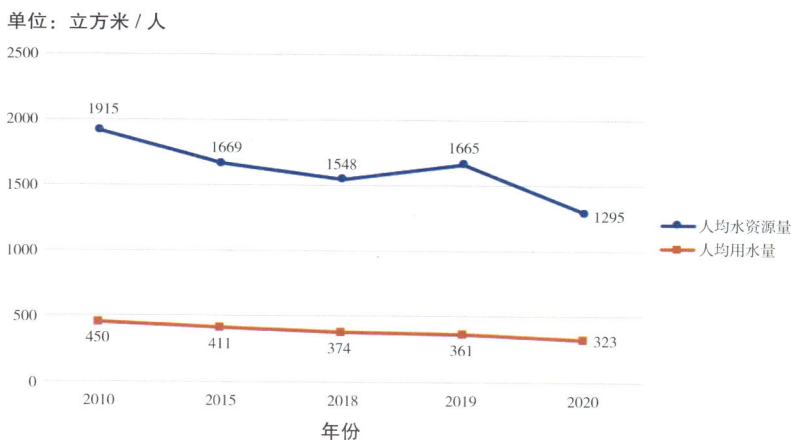

广东省人均水资源量和用水量（2010—2020年）

资料来源：《广东统计年鉴（2021）》。

　　践行绿色生活方式引领文明。绿色生活最重要的是节能生活、低碳生活。广东践行绿色生活方式，从自觉地实施垃圾减量、垃圾分类、光盘行动、节约用水、绿色消费、绿色出行、绿色居住等行动做起，在充分享受绿色发展所带来的便利和舒适的同时，履行好应尽的可持续发展责任，践行自然、环保、节俭、健康的生活方式。以用水量为例，广东省人均水资源量呈现下降趋势，从2010年的1915立方米/人，下降到2020年的1295立方米/人。广东节约用水效果明显，2010年广东省人均用水量450立方米。在之后的发展过程中，每年持续下降，2020年省人均用水量为323立方米。

从城市污水处理和生活垃圾无害化处理比例看，广东绿色生活不断发展。城市污水处理率从2010年的73.1%，上升到2020年的97.7%；城市生活垃圾无害化处理率从2010年的72.1%，上升到2020年的99.95%。

广东省城市污水处理率和生活垃圾无害化处理率表（2010—2020年）

	2010年	2015年	2019年	2020年
城市污水处理率（%）	73.1	93.7	96.7	97.7
城市生活垃圾无害化处理率（%）	72.1	91.6	99.95	99.95

资料来源：《广东统计年鉴（2021）》。

从公共交通看，广东居民出行方式越来越"绿色化"。2015年广东城市公共交通车运营数量有62947台，2020年增加至77687台，电动公交车占绝大多数。

链 接

串联珠水与高楼，绿道让生活更美好

远看高楼林立，近听江水潺潺，清晨在广州临江大道缓跑径上奔跑，已经成了不少工作生活在CBD（中央商务区）的人们美好一天的开端。

在广州天河CBD，首条滨江缓跑径不仅将云山珠水与高楼大厦串联在了一起，也将不少人的工作和生活串联在了一起，给繁忙的工作染上了一抹生活的暖色。

穿梭在高楼大厦之间，连接自然山水、公园景区、历史景观，广州绿道里程已达3500公里。以云山珠水为轴，山城河海因绿道相连，绿色让整个广州变得更加温暖。城市绿道正在让都市人的生活变得更美好，健康、低碳、绿色的生活方式正深入人心。绿道建设和生态环境的改善也产生了无形的吸引力，让创新发展要素加速集聚。

（三）构建生态文明体系

改革开放以来，广东在生态文明建设上探索创新不少，无论是碳排放交易的尝试，还是低碳城市建设，抑或以经济强省的姿态建设绿色生态大省，广东的创举都是在为全国探路。新时代，面对群众日益增长的优美生态环境需要，广东不断拓宽"绿富美"发展之路，以实现生态环境质量根本好转，实现美丽广东为目标，从生态文化、生态制度、生态经济、生态环境、生态人居五个方面着力，加快构建生态文明体系。

构建和谐文明的生态文化体系。广东努力构建多层次的、全范围的生态文明宣教体系，深入开展生态文明宣传教育活动，以政府、企业、公众为不同对象和主线，全方位地培育生态道德意识，创建绿色机关，引导培育企业生态文化，倡导公众绿色消费等，在

广州海珠国家湿地公园——垛基果林湿地生态修复

全社会普及生态文明理念，营造全民参与生态文明建设的良好氛围。从2002年开始，广东在全省开展绿色社区创建活动，首批诞生了41个广东省绿色社区。创建绿色社区主要内容包括环境管理、环境治理、环境质量、环境美化、环境意识、环境行为、环境特色等。近些年，广东还开展了"广东省环境教育基地""广东省生态示范村（镇、场、园）"等创建工作。这是广东省生态环境宣教阵地建设的一项重要工作，以创建为起点，目的是开展全民绿色行动，使全社会牢固树立生态文明理念，推动加快形成节约资源和保护环境的空间格局、产业结构、生产方式、生活方式。从2013年开始，广东省举办多届"广东环境文化节"活动，大力弘扬环境生态文化，提高公众的生态文明素质，增强公众参与生态文明建设的使

112

命感和责任感，营造全社会牢固树立生态文明观念的舆论氛围。

　　构建高效完善的生态制度体系。改革开放以来，广东也率先推进生态文明制度建设，用严格的制度体系保护生态环境。1979年，《中华人民共和国环境保护法（试行）》颁布，1989年经修改后正式颁布《中华人民共和国环境保护法》。1984年颁布《中华人民共和国水污染防治法》，1987年颁布《中华人民共和国大气污染防治法》。广东省根据国家法律，先后建立了相应的地方环境保护法规和行政规章。从1981年起，颁布了《广东省消烟除尘管理暂行规定》《东江水系保护暂行条例》等。之后陆续制定《广东省执行国家机动车辆废气排放标准施行办法》《广东省建设项目环境保护实施细则》《广东省城市环境综合整治定量考核办法》，关于环境保护和生态建设的法规和规章制度既一以贯之，又因时因地制宜，不断变革和发展。近年来，广东从立法先行、执法从严、追责到底三方面，通过创新地方立法、加强环保执法与司法衔接、实行生态环境损害责任终身追究制等手段，用最严格的制度保护环境，有力地解决了环境沉疴积弊，为广大人民提供更加良好的生产生活环境。仅2020年，广东就制（修）订了大气、水、土壤、固体废物等领域的生态环境保护地方性法规约90件。

链 接

河长制、湖长制得到中央高度肯定

　　2016年，中共中央办公厅、国务院办公厅印发《关于全面推行河长制的意见》，在全国推行河长制。2018

年，中央要求各地全面建立湖长制。广东高位推动河长制、湖长制落实，比中央要求提前一年建立河长制，提前半年建立湖长制，河长、湖长人数达8万名。省委书记、省长主动担任省双总河长，创新设立四级河湖警长体系，广泛动员公众参与，"河长领治"成为新时代广东治水的鲜明特征。

积极发挥河长制、湖长制功效。广东流域统筹、集中"清漂"、长效保洁、河湖警长制、常态化暗访、工作述职、年度考核、智慧管理、志愿服务等多项做法走在全国前列，全省主要河湖基本无成片垃圾漂浮物，全面消除"十三五"劣V类国考断面及地级以上市建成区黑臭水体，河湖面貌实现历史性好转，得到老百姓广泛赞誉。韩江潮州段成功创建"全国首批示范河湖"，深圳茅洲河、东莞华阳湖、深圳大鹏湾入选全国创建"美丽河湖"典型案例。2018—2020年广东省河长制、湖长制工作连续3年获得国务院督查激励，处在全国第一梯队；在经中央批准的河长制、湖长制表彰活动中，广东52个集体和个人上榜，数量居全国之首。

此外，为落实环境保护"党政同责"和"一岗双责"，2016年5月，广东结合实际制定并印发了《广东省党政领导干部生态环境损害责任追究实施细则》，对中央规定作出了一系列细化规定和要求。该细则规定，受到责任追究的党政领导干部，取消当年年度考核评优和评选各类先进的资格。受到调离岗位处理的，至少一年内不得提拔；单独受到引咎辞职、责令辞职和免职处理的，至少一年内不得安排职务，至少两年内不得担任高于原任职务层次的职务；受到降职处理的，至少两年内不得提升职务。

具体、明确、硬性的制度规定，有力推动了广东各级党委、政府落实环保责任，守住环保底线，推动绿色发展。

构建绿色低碳的生态经济体系。近年来，广东省积极探索符合广东实际的碳达峰、碳中和实现路径，构建清洁低碳、安全高效的能源体系，加强绿色低碳核心技术攻关，将经济社会发展建立在资源高效利用和绿色低碳发展的基础之上。2020年，广东省碳市场成交碳排放配额3303.04万吨，成交金额8.46亿元，分别占全国的

广州市海珠区阅江路碧道（海珠区水务局供图）

42.44%和38.62%。截至2020年12月31日，广东省碳排放配额累计成交量1.72亿吨，累计成交金额35.61亿元，分别占全国碳交易试点的37.86%和33.77%，位居全国第一。

链 接

"双碳"前沿技术悄然布局

在广东汕尾海丰的电厂里，广东省首个碳捕集测试平台项目早已布局于此。

在碳达峰、碳中和的大背景下，CCUS非常"热"。什么是CCUS？就是碳捕集、利用与封存技术（Carbon Capture Utilisation and Storage，简称CCUS），是指通过碳捕集技术，将工业和有关能源产业所产生的二氧化碳分离出来，是人类应对气候变化的一项重要减排技术。

广东润碳科技有限公司运营总监胡黎明介绍，广东省碳捕集测试平台项目依托华润海丰电厂1号机组建设，由烟气预处理系统、胺吸收法和膜分离法碳捕集系统、压缩提纯系统，以及配套的电气、热控等公共系统组成，是亚洲首个、世界第三个燃煤电厂多线程国际碳捕集测试平台，以及华南地区首个燃煤电厂碳捕集和利用示范项目。

项目每年可从电厂烟气中最多捕集二氧化碳约2万吨，经提纯后纯度达到99.98%的液态二氧化碳满足工业化利用需要，未来还将用于二氧化碳离岸封存的安全和泄漏监测研究项目。

事实上，不管是CCUS项目，还是储能示范电站、综合能源示范利用项目、氢能利用……这些服务于碳达峰、碳中和的前沿技术项目其实已经遍地开花，虽然其中很多还处于小范围应用阶段，但相信在"双碳"带来的强劲需求下，也将迎来快速发展，进而"反哺"碳达峰、碳中和目标的实现。

构建清洁安全的生态环境体系。近年来，广东以改善生态环境质量为核心，推动发展绿色转型，生态环境近年来持续向好，盎然绿色不断拓展。广东省森林面积2005年是921.2万公顷，2020年达1053.22公顷，森林覆盖率也从2005年的55%增长到2020年的58.66%，森林蓄积量从2005年的34469万立方米增长到2020年的58400万立方米，活立木蓄积量从2005年的36459万立方米增长到2020年的60422万立方米。自然保护区数量大幅增加，2000年是153个自然保护区，2020年增加到377个，包括森林生态系统、湿地水域、海域海岸、野生动植物、古生物遗迹、地质遗迹6种类型。在构建生态环境体系的方式探索上，广东还积极探索生态环境协同治理，大力提升生态文明建设的合力。2019年《粤港澳大湾区发展规划纲要》颁布以来，广东对标世界一流湾区，努力开辟粤港澳生态文明合作新领域、探索新机制，大力推进美丽湾区建设。同时，大力推进珠三角都市圈内部全方位的合作，推动珠三角与粤东西北地市之间建立了一系列以流域为基础的合作机制，并积极开展与福建、江西、湖南、广西等省（区）的跨界污染治理合作。广东已同广西、福建、江西等临近省（区）签订了跨界河流生态补偿协议，并付诸实施，入粤河流跨省界断面水质持续改善。这些区域合作新

阳山农村人居环境整治成效显著，荣获"广东省农村人居环境整治三年行动"粤北片区第一名

元坝村风貌（茂名市农业农村局共图）

机制的建立和深化，成为破解跨界污染治理难题的利器，为广东以及粤港澳大湾区的生态环境安全提供了有力保障，是构建清洁安全的生态环境体系的重要路径。

构建优美舒适的生态人居体系。改善农村人居环境，建设美丽宜居乡村，是实施乡村振兴战略的重要任务之一，也是构建广东全省优美舒适生态人居体系的重点和难点。2009年《中共广东省委办公厅、广东省人民政府办公厅关于建设宜居城乡的实施意见》印发，明确提出把广东建成安居、康居、乐居和具有岭南特色的宜居城乡。2016年广东省出台《关于加快农村人居环境综合整治建设美丽乡村三年行动计划》，部署推动农村人居环境整治全面展开和扎实推进，重点是做好垃圾污水处理、厕所革命、村容村貌提升，促进村庄清洁工作常态化，突出抓好厕所改造、生活垃圾和生活污水处理，推动农村人居环境整治见实效。截至2020年，农村自来水普及率达92.7%，相比2010年59.5%的普及率，广东农村用水越来越

每到秋天稻田飘香时节，市民游客到东城周屋稻田观光游玩，感受美丽乡村

便利。2020年无害化卫生厕所普及率达99%，几乎全覆盖。乡村展现干净整洁、美丽宜居的环境。从2010年开始规划建设的绿道，也是广东构建生态人居体系的重要举措。截至2018年底，广东全省共计完成绿道建设已超过1.8万公里，其中省立绿道6024公里，市立绿道11995公里。珠三角建成的绿道串联森林公园482个，基本实现"300米见园，500米见绿"，越来越多城乡居民享受到这份实实在在的"生态红利"。

六、扎实补齐广东全面小康最大短板

　　2018年10月23日下午，沿着崎岖的山路，习近平总书记来到清远英德市连樟村。他走进贫困户陆奕和家，详细了解他的家庭情况，询问他生活怎么样、有哪些困难。习近平总书记对村民们说，我一直惦记着贫困地区的乡亲们，乡亲们一天不脱贫，我就一天放不下心来……全面小康路上一个不能少，脱贫致富一个不能落下。要一代接着一代干，既要加快脱贫致富，又要推动乡村全面振兴、走向现代化。

　　"天地之大，黎元为先。"广东乘改革之东风，领发展之风气，举全省之力，以精准扶贫、精准脱贫为主线，以创新扶贫方式为抓手，以乡村振兴和城乡融合发展为路径，将习近平总书记"全面小康路上一个不能少"的要求落到实处，让贫困人口共享改革发展的成果。

（一）打赢精准脱贫攻坚战

　　广东的贫困问题虽然总体上看似乎不是很突出，但贫困人口数量仍然较大，脱贫攻坚任务依然沉重。曾有广东省委主要领导在调研粤北山区贫困户时有感而发：中国最富的地方在广东，最穷的地方也在广东，这是广东之耻。

改革开放以来，广东历届省委、省政府都把脱贫工作摆在重要议事日程，从"山区开发扶贫"到"双到"（规划到户、责任到人）、"双转移"（产业转移、劳动力转移）扶贫，广东早期脱贫攻坚历经艰辛。1984—1993年，广东以"山区开发扶贫"战略模式为主，将扶贫重点放在开发山区资源上，提升了山区经济效益，一定程度促进了扶贫工作展开；1994—2000年，广东展开"八七攻坚"扶贫战，聚焦解决农村贫困群众的温饱问题，而后又延伸至扶贫事业；2001—2010年，广东提出"十年扶贫开发规划"，制定"十五"和"十一五"扶贫计划，不断深化扶贫工作，创新扶贫方式；2010—2012年，广东在地区结对帮扶的基础上，创造性地提出"双到"政策，脱贫攻坚力度不断加大，扶贫工作不断发展。

"舟循川则游速，人顺路则不迷。"党的十八大以来，广东全面贯彻落实习近平总书记精准扶贫战略，统筹部署脱贫攻坚各项工作，携手全社会共同打赢精准脱贫攻坚战，精准识别、建档立卡、分类施策、精准管理，推动"输血式"向"造血式"扶贫转变，全面推进扶贫事业发展，形成了精准扶贫的"广东样本"。2020年，广东如期高质量完成脱贫攻坚战目标，打赢了精准脱贫攻坚战，获得了"中国亮点、世界模式"的赞誉。

抓好驻村第一书记，为打赢精准脱贫攻坚战夯实组织保障。驻村扶贫干部以高度政治责任感和历史使命感切实扛起精准脱贫重任，联动各单位、各级政府形成合力，研讨、解决扶贫难题。各单位派驻精兵强将担任驻村第一书记，千方百计筹措资金，经常召开专题会议听取报告，下到基层进行实地调研和考察，为打赢精准脱贫攻坚战提供强力保障。2016年以来，广东动员全省21个地市、1.8万个党政机关企事业单位、近6.5万名驻村干部，共向2277个省定贫困村选派第一书记4454名。1000多家社会组织、近万家企业、100多万名志愿者、2000多万名爱心人士参与，2016—2021年，全省认捐金额为257.32亿元，对接帮扶160多万建档立卡贫困人口。

充分保障资金投入，为打赢精准脱贫攻坚战提供物质保障。2013—2015年，全省共投入各类帮扶资金209.95亿元；2016—2018年，广东各级财政共投入扶贫开发专项资金391亿元，帮扶贫困户脱贫；2017—2020年，广东省级财政为助力乡村建设给予每个省定贫困村1500万元，共投入313亿元。广东各帮扶单位自主筹措资金数千万元，大大改善了贫困村的精神面貌和基础设施建设。据统计，2016—2020年，广东脱贫攻坚累计投入资金1600多亿元。

"精准鉴别、分类解决"，探索"滴灌式"扶贫，避免"胡子头发一把抓"。广东在扶贫瞄准机制基础上，建立了扶贫信息系统，依托大数据实施精细管理、精确瞄准、动态监测。系统信息包括贫困对象属性、贫困对象致贫原因、贫困户的情况和扶贫进度等，实现了贫困信息的共享共用，为精准识别贫困人口提供了强大保障。通过实地调研，科学分析致贫原因，实行分类解决。党的十九大以来，广东成功对接近5000个扶贫济困项目，成功打造出党建扶贫、教育扶贫、产业扶贫、就业扶贫、消费扶贫、金融扶贫等多种有效模式。

全方位构建扶贫"磁场效应"，给打赢精准脱贫攻坚战提供力量保障。定点帮扶、对口帮扶、社会帮扶共同发力，凝聚社会扶贫合力，推动全省扶贫事业彻底切实完成。2020年广东扶贫济困日爱心助农网销会暨消费扶贫系列活动启动仪式上，募集爱心认购金额达4.26亿元。广州对口帮扶清远经济特别合作区"三园一城"（广清产业园、广德产业园、广佛产业园，广清空港现代物流产业新城），2020年"三园一城"累计引进项目365个，计划总投资1228亿元，累计投（试）产项目75个，带动就业人数超1.5万人。

推动"一核一带一区"战略，统筹解决城乡区域发展不平衡问题。据统计，2017年广东各地区2277个贫困村中，珠三角地区有157个，其中惠州46个、肇庆111个，剩下的2120个贫困村全部集中在粤东西北地区。2019年7月，广东省委、省政府印发《关于构建"一核一带一区"区域发展新格局促进全省区域协调发展的意见》，实施"一核一带一区"战略，广州、深圳双核心城市带动其他城市发展，粤东西北地区振兴发展，推动区域协调发展促进全面脱贫，并助力化解广东区域不平衡问题。

重视扶贫、扶志、扶智相结合，"输血"与"造血"并重。广东在实施精准脱贫工作时发现，贫困地区不仅是经济欠发达地区，思想上同样缺乏教育和激发，主要表现在贫困群众安于现状、不寻求改变对策、消极应对贫困境况。对此，广东积极展开教育培训，两地区间互派政治干部、教育教学人员、专业技能人员交流学习，较大程度为贫困地区提供人才支持，为脱贫不返贫奠定智力基础。

2020年，广东实现现行标准下161.5万相对贫困人口全部脱贫，2277个相对贫困村全部出列，解决省内相对贫困难题取得历史性成就，脱贫地区经济社会发展大踏步赶上来，脱贫群众精神面貌焕然一新，取得了脱贫攻坚战的全面胜利。

链 接

广东脱贫攻坚两个"三年行动"

2016年以来，广东制定实施了脱贫攻坚两个"三年行动"方案，为打赢精准脱贫攻坚战提供了重要指引。

2016年，广东省委、省政府制定实施《关于新时期精准扶贫精准脱贫三年攻坚的实施意见》（以下简称《意见》）。扶贫对象标准和数量为：按农村居民年人均可支配收入低于4000元（2014年不变价）的标准，全省农村有60.5万户161.5万相对贫困人口；按村年人均可支配收入低于8000元（2014年不变价）、相对贫困人口占村户籍人口5%以上的标准，全省2277个村为相对贫困村。《意见》提出，在全省实施脱贫攻坚八项工程：产业发展扶贫工程、劳动力就业扶贫工程、社会保障扶贫工程、教育文化扶贫工程、医疗保险和医疗救助保障扶贫工程、农村危房改造扶贫工程、基础设施建设扶贫工程、人居环境改善扶贫工程。需要说明的是，按2014年不变价，全国农村居民贫困线为家庭年人均纯收入低于2800元，广东的标准要高于全国标准。

2018年，广东省委办公厅、省政府办公厅印发《关于打赢脱贫攻坚战三年行动方案（2018—2020年）》。到2020年，稳定实现农村相对贫困人口不愁吃、不愁穿，义务教育、基本医疗和住房安全有保障，贫困地区基本公共服务主要领域指标相当于全省平均水平，现行标准下农村相对贫困人口全部实现稳定脱贫，2277个相对贫困村全部出列，如期完成脱贫攻坚任务。进一步完善细化八项工程具体措施，比如，在产业扶贫方面，方案提出要大力发展优势特色扶贫产业，完善产销对接机制，规范发展资产收益扶贫，加强生态扶贫。

（二）定点扶贫、行业扶贫、社会扶贫

精准脱贫攻坚战中，广东结合实际，积极探索创新扶贫方式，构建了定点扶贫、行业扶贫、社会扶贫等不同模式，将精准扶贫理念具体化，有效化解贫困问题。

定点扶贫有保障，"一个都不落下"。

定点扶贫指党政机关、企事业单位和社会组织利用自己的资源，以重点贫困县为主要帮扶对象，帮助其脱贫致富的一种开发式扶贫模式。2016年，广东省委、省政府制定《新时期相对贫困村定点扶贫工作方案》，全面实施新时期定点扶贫工作，实现稳定脱贫、脱贫不返贫。

明确定点帮扶对接关系，稳定推进全面脱贫攻坚战。珠三角地区的广州等6市帮扶粤东西北11市和肇庆市的1719个定点扶贫村，广东省直机关和中央驻粤单位帮扶粤东西北11市和肇庆市的255个定点扶贫村，汕头市、惠州市分别帮扶本市全部37个、46个定点扶贫村，粤东西北11个市和肇庆市其余220个定点扶贫村原则上由市直单位承担帮扶。全省各级党政机关、企事业单位向贫困地区派出驻村第一书记2277名，派出驻镇（街道）工作组1112个、驻

村工作队1.2万个、驻镇驻村工作队员3.95万名。全省统筹规划、上下联动、步调一致、稳定进行脱贫攻坚工作，在全省形成良好脱贫氛围。

明确扶贫工作队职责，精准脱贫到实处。扶贫工作队按照"县为单位、分级负责、精准识别、长期公示、动态管理"的原则，认真细致地做好相对贫困户的精准识别工作，核实贫困户家庭居住条件、收入和家庭成员健康状况，将帮扶干部个人的帮扶情况及贫困户受帮扶的情况如实记录在帮扶记录卡上，建立电子信息档案。实行"一户一法"，分类制定帮扶措施，制定精准扶贫、精准脱贫三年攻坚规划及年度工作计划，落实帮扶责任，确保扶贫对象精细化管理，扶贫资源精确化配置，扶贫对象精准化扶持，实现精准脱贫。帮扶干部要协助驻村所在乡镇党委抓好村"两委"班子建设，培养造就一支高素质的农村工作骨干队伍。

脱贫与振兴相结合，推动整村"改头换面"。扶贫工作队要注重完善定点扶贫村的农田水利、饮水安全、村民用电、村内道路等基础设施建设，提高人民社会生活便捷水平；健全和强化定点扶贫村的教育、卫生、文化等公共服务项目，推动定点扶贫村以统一规划、集中安排、规划到村、分步实施、整村推进的步骤发展特色产业；加大对贫困村生活垃圾处理、污水治理、改厕和村庄绿化美化净化力度，实现旧村换新貌。结合"千企帮千村"行动，鼓励和引导各类企业与贫困村开展"村企共建"活动，积极开展"10·17"国家扶贫日和"6·30"广东扶贫济困日活动，发动乡贤反哺家乡参与精准扶贫，动员社会各界爱心人士捐款捐物资助特困群众改善生产生活条件。

定点扶贫为脱贫攻坚提供了强大的组织力量，为打赢脱贫攻坚战提供了强大动力，取得了良好的实践成效。例如，2019年，广东银保监局对口帮扶贫困村湛江市遂溪县港门村131名建档立卡贫困人员已实现全部脱贫，人均可支配收入达16253元；对口帮扶揭阳市惠来县门口葛村57户235名建档立卡贫困人员已实现全部脱贫，2020年末人均可支配收入提高到16874元。2019年，广东证监局对口帮扶的韶关乐昌市下西村村集体年收入38万元，是帮扶前的29倍，贫困户人均可支配收入1.79万元，比帮扶前增长了360%。广州市地方金融监管局对口帮扶梅州市丰顺县上围村建档立卡贫困户39户97人，其中，有劳动能力家庭人均年收入增至18499.53元，无劳动能力家庭人均年收入增至14774.18元。

链 接

"益生鸡"助力脱贫致富

东莞市对口帮扶韶关地区9县209个相对贫困村，不仅"输血"，更立足"造血"，激发贫困户发展的内生动力。村民叶秀娣在东莞市黄江镇驻村扶贫队的帮助下养殖"益生鸡"，即用发酵后带有苹果醋气味的益生菌作为饲料来喂鸡，2017年以来，叶秀娣先后领了1000多只鸡苗。黄江镇扶贫队驻村以来，一直倡导贫困户发展"家庭产业+就业"，每户最高一年可获得9000元补助。每只鸡补贴10元，贫困户养殖的"益生鸡"由合作社统一收购，不愁销路，既能赚钱又有补贴。养殖"益生鸡"使叶秀娣家庭人均年收入逐年增加，2018年，叶秀

在"以奖代补"激励下，大村村贫困户勤劳养殖"益生鸡"，生活大有起色

娣一家七口家庭可支配收入近10万元，人均可支配收入近1.5万元，摘掉了贫困户帽子。

2018年，东莞扶贫工作组对口帮扶的韶关相对贫困村，累计脱贫23984人，脱贫率达95.62%。有劳动能力的预脱贫户，人均可支配收入达11690.19元，被帮扶贫困村居民人均可支配收入14777.8元，远高于广东省定贫困村标准。2020年，韶关相对贫困村和贫困人口全部出列。

行业扶贫有优势，助推全方位打赢脱贫攻坚战。

行业扶贫是指各行业发挥自身职能和资源优势，支持贫困地区和贫困人口发展的政策和项目，承担改善贫困地区发展环境、提高贫困人口发展能力任务。比如，旅游行业挖掘农村观光旅游潜能，实现旅游业扶贫；农业农村部传授农业种植技术，创造农产品特色品牌，实现农产品扶贫；各行各业充分利用贫困地区自然

南雄市乌迳镇田心村发展现代农业（张新锋 摄）

优势，发展农产品加工产业，延长产品价值链，实现产业扶贫；等等。

依托行业优势，实行多样化扶贫。比如，广东科技部门开展科技扶贫，围绕特色产业发展，加大科技攻关和科技成果转化力度，推动产业升级和结构优化，培育一批科技型扶贫龙头企业，加快科技扶贫示范村和示范户建设。中国工商银行广东省分行（以下简称"广东工行"）切实履行国有大行的政治担当和社会责任，成立行业扶贫工作领导小组，帮扶广东茂名高州市。广东工行积极发挥金融机构专业优势，因地制宜深耕当地特色荔枝产业，助力精准扶贫，通过工行融e购电商平台，助力当地产业发展，促进群众就业和脱贫增收。广东工行2016—2019年连续四年在融e购电商平台举办"茂名荔枝网上行——扶贫助农在行动"主题活动，携手当地企业、农户创新探索"互联网+商户+农户"运作模式。

发挥行业优势，完善贫困地区基础设施建设。比如，2016年，广东省水利厅、省建工集团利用行业优势帮助韶关市新丰县梅坑村解决安全用水和水利工程问题，积极贯彻落实行业扶贫工作。广东省水利厅、省建工集团把梅坑村四十八坳取水点进行标准化改造，在该出水点旁边铺设输送管道，建设蓄水池，离出水口不远处重新安装了过滤净水和消毒设施，山泉水经多步过滤后流入了老百姓家中，保障了民众的用水安全，让民众喝上安全健康的自来水，增强民众的生活幸福感、获得感、满足感。

依据行业优势，提高脱贫群众生活和服务水平。比如，南方电网广东东莞供电局帮扶东莞市横沥镇长巷村，东莞供电局充分发挥行业优势，把基础建设作为改善长巷村生产生活条件的根本途径，着力增强长巷村产业"造血"功能。2018年底，东莞全市户均配变容量达到3.83千伏安及以上；2019年9月底，东莞市农村地区供电可靠率达99.9837%，综合电压合格率达到99.998%，均已超过2019年帮扶计划目标值，提前实现2019年扶贫目标，达到行业扶贫指标要求，提前全面完成第三轮东莞市内行业帮扶工作。

链 接

"十问"工作法、普惠金融服务普惠贫困村民

高车塘村地处梅州市五华县东部，是广东省农村信用社联合社（以下简称"省联社"）的帮扶对象。省联社帮扶前，全村569户人家中有相对贫困户82户279人，贫困人口人均可支配收入为3950元，村集体经济收入只有8000元。

省联社工作队带着来自各方的1900多万元扶贫资金来到高车塘村，通过"统筹规划、立体帮扶、一户多策、一人多法"等措施，在有效实现相对贫困户脱贫目标的同时，力促村集体经济增收，一步步引领山区贫困村向富裕村转变。

省联社工作队推出了精准识贫"十问"工作法："一问户籍核人口，二问耕地有几亩……八问住房安全否，九问亲朋周济事，十问脱贫怎帮扶。"为防止疏漏，工作队将"十问"工作法制作成统一的工作底稿，边登记边收集佐证资料，确保建档立卡信息准确。运用

"十问"工作法，工作队很快摸清村内情况，在梅州市率先完成第一轮贫困户精准识别，随后将扶贫措施细化至每家每户。

2016年，工作队高效完成道路硬化，危房改造，向贫困户发放带崽母牛、带崽母羊、鸡苗、鸡饲料，并成立养殖专业合作社等19个精准脱贫帮扶项目，帮助42户108人率先实现脱贫目标。利用行业优势，省联社组织五华农商行为贫困户量身定制特色服务，力推普惠金融落地，以"奔康贷、扶贫贷、光伏贷"等信贷产品先后向符合贷款条件的23户贫困户授信，授信总金额为162万元。至2018年底，扶贫小额信用贷款余额21万元，由省联社发放贴补利息0.78万元。2020年，该村建档立卡脱贫户人均可支配收入达到15040元，是帮扶前的3.8倍。至2020年，全村累计在现行标准下实现贫困户脱贫80户243人，脱贫率达100%。2016—2020年，高车塘村年均集体经济收入21.04万元，是帮扶前的26.3倍。

社会扶贫有温暖，各界齐心发挥脱贫正能量。

"单丝不成线，独木不成林。"社会扶贫主要指社会各界参与扶贫开发，从不同角度扩大扶贫资源，守望相助、扶危济困，提高扶贫工作参与度和工作水平。广东动员各社会组织、中央驻粤单位、企事业单位、海外华人华侨、慈善团体等参与扶贫开发，形成跨地区、跨部门、跨单位、全社会共同参与的大扶贫工作格局。2010年，广东将6月30日定为"广东扶贫济困日"。据不完全统计，2010—2020年"6·30"活动，各界共认捐314.8亿元。

动员社会组织自主扶贫。广东各机关、企事业单位、社会组织自主积极参加扶贫工作，各社会组织力争对贫困地区全覆盖扶贫。通过制定帮扶规划，积极筹措资金，将自身企业、产业等发展经验赋予到社会扶贫对象中，借助自身拥有的人才资源、科技资源、技术资源等优势，积极参与扶贫开发，实现优势互补、双向奔赴。2012—2021年，广东省青少年发展基金会累计筹集善款6.64亿元，资助贫困学生72254人。

推进社会扶贫协作合作。扶贫协作方共同制定规划，在资金支持、产业发展、扶贫经验交流、扶贫对象培训以及劳动力转移就业等方面积极配合，形成扶贫合力，弥补自身不足，共同致力于扶贫对象。比如，广东省市场监管局与碧桂园集团共同对梅州市漳北村、揭阳市大东村等村庄进行扶贫帮扶，碧桂园集团投入数千万元，发挥自身优势，在规划、建设、管理、驻村等方面全链条帮扶，并与广东省市场监管局开展党建、产业、就业、教育等"4+X"项目有机融合，有力地推动了帮扶村生产发展，改善了当地农村生态和村容村貌，提高了当地人民生活质量，共同打造了美丽乡村新亮点。

履行扶贫主体社会责任。鼓励企业、社会组织和个人自觉履行社会责任，通过多种方式参与扶贫开发，实现反哺社会，在全社会形成全面脱贫合力。比如，2019年4月30日，广东省扶贫办组织建立的广东农产品消费扶贫项目"唯爱助农·广东扶贫馆"正式上线，首次上线共13个品牌、41个产品，覆盖清远连山、河源紫金等11个贫困市县的8113户贫困户，为贫困地区产业持续发展和贫困人口稳定增收发挥了明显作用。

（三）迈向乡村振兴和城乡融合发展

打赢脱贫攻坚战、全面建成小康社会，为广东迈向乡村振兴和城乡融合发展提供了更好的条件和基础。乡村振兴和城乡融合发展其实早已在工作日程上，党的十九大以来，广东把脱贫攻坚、乡村振兴列入"1+1+9"工作部署重要内容，各项工作取得了明显成效。

乡村振兴和城乡融合发展战略规划和政策体系不断完善。2018年4月，《中共广东省委　广东省人民政府关于推进乡村振兴战略的实施意见》发布，对全省乡村振兴工作作出全面部署，到2020年，城乡融合发展体制机制初步建立；到2022年，城乡融合发展体制机制基本健全；到2027年，城乡基本公共服务均等化基本实现，城乡融合发展体制机制更加完善。2019年7月，广东省委、省政府印发《广东省实施乡村振兴战略规划（2018—2022年）》，以习近平新时代中国特色社会主义思想为指导，立足乡村全面发展、优先发展、融合发展、创新发展、分类有序发展，按照产业兴旺、生态宜居、乡风文明、治理有效、生活富裕的总要求，以推进产业振兴、生态振兴、文化振兴、组织振兴、人才振兴等"五个振兴"及提升城乡基础设施一体化水平、提升城乡公共服务均等化水平、提升高质量稳定脱贫水平等"三个提升"为重点，对广东乡村振兴战略作出了阶段性谋划。2020年5月，广东省委、省政府印发《广东省建立健全城乡融合发展体制机制和政策体系的若干措施》，提出建立健全有利于城乡空间融合发展、城乡要素合理配置、城乡基本公共服务均等化和基础设施一体化、乡村经济多元化发展、乡村治理、农民收入持续增长等的体制机制，推进广东省加快建立工农互促、城乡互补、全面融合、共同繁荣的新型工农城乡关系，促进城乡融合发展，实现乡村振兴和农业农村现代化。

链 接

"粤菜师傅""广东技工""南粤家政"

2019年，"粤菜师傅""广东技工""南粤家政"三项工程推出，这是广东省委、省政府提出的脱贫攻坚、对口帮扶的重要抓手。

截至2021年底，全省累计开展"粤菜师傅"培训37.0万人次，带动就业创业78.5万人次。全省评选了100家"粤菜名店"、199个"粤菜名品"、30名"五星级粤菜师傅名厨"和79名"四星级粤菜师傅名厨"，培育"粤菜师傅名村"10个，建设乡村旅游粤菜美食点384个、美食旅游精品线路32条。全省707家企业、191家院校和142家社会培训评价组织备案开展职业技能等级认定，新增了30万人次获得职业资格或技能等级证书。首批遴选了878家企业建设培育产教融合型企业，建设37家高职院校产教融合创新平台。认定13家省级龙头企业和18家诚信示范企业，发布首批10家"信得过"家政企业。建设"南粤家政"基层服务站近200个，构建15分钟家政服务圈。全省家政企业约2.68万家，从业人员超127万人。

广东省人社厅副厅长杨红山介绍："大量来自农村、困难家庭的孩子在职业、技工院校找到了自己的兴趣爱好，使人生发生了翻天覆地的变化。"

城镇化水平不断提升。城镇化是城乡融合发展的重要基础和抓手。党的十八大以来，广东全面取消城区常住人口300万以下的城市落户限制，全面放开放宽城区常住人口300万至500万的大城市落户条件，调整完善广州、深圳积分落户政策，明确社保缴纳年限和居住年限分数占主要比例。试行以经常居住地登记户口制度，探索居住证互认制度，在除广州、深圳外的珠三角城市率先探索户籍准入年限同城化累计互认。2020年，广东全省常住人口城镇化率已达74.15%，位居全国各省（自治区、直辖市）之首。据测算，到2035年，广东全省常住人口城镇化率将达到82%，基本实现新型城镇化。

城乡收入差距呈现缩小趋势。党的十八大以来，广东把构建农民收入稳定增长机制作为建立健全城乡融合发展体制机制和政策体系的重要举措，持续缩小城乡居民生活水平差距。2021年全省农村居民人均可支配收入22306元，城乡居民收入比降至2.46：1。这是继2020年的2.50：1之后，城乡居民收入比继续保持在2.50：1以内。专家指出："广东不仅城乡居民收入比缩小，而且是在城镇居民收入和农村居民收入双双增长的前提下努力实现的。"

广东城乡居民人均可支配收入表

	2015年	2016年	2017年	2018年	2019年	2021年
城镇（元）	34757.16	37684.25	40975.14	44340.97	48117.55	54854

续表

	2015年	2016年	2017年	2018年	2019年	2021年
农村（元）	13360.44	14512.15	15779.74	17167.74	18818.42	22306
倍差（倍）	2.60	2.60	2.60	2.58	2.56	2.46
差额（元）	21396.72	23172.1	25195.4	27173.23	29299.13	32548

资料来源：《广东统计年鉴（2021）》。

　　广东公共服务均等化已基本实现城乡互补、工农互促。公共教育方面，已经基本实现覆盖城乡的义务教育和普及城乡的高中阶段教育，乡村职业教育体系不断发展完善，高等教育大众化已经实现，现代国民教育和终身教育体系基本建立。公共卫生均等化取得长足进展，全省各区域、城乡卫生资源配置趋于融合发展，卫生服务的享有与效果区域均等，城乡居民健康指标接近发达国家水平。公共文化均等化建设初见成效，初步形成服务优质、覆盖城乡的公共文化服务体系，城乡居民参与公共文化的权益得到有效保障。

　　农业质量效益不断提升。党的十八大以来，广东大力发展特色优势产业，实施现代农业产业园能级提升行动，发展"跨县集群、一县一园、一镇一业、一村一品"。2019—2021年，广东共认定了2278个"一村一品、一镇一业"省级专业村、300个省级专业镇，因地制宜发展观光体验、健康养老、民宿旅游等新产业新业态。比如，广州市从化区鳌头镇以生猪产业为主、广州市增城区仙村镇以荔枝产业为主、广州市花都区狮岭镇以休闲农业产业为主等等。同时，积极培育乡村产业振兴主体，加快培育新型农业经营主体和社会化服务组织，推进农民合作社高质量发展，鼓励支持发展家庭农场，促进小农户与现代农业有机衔接，培育农村电商带头人，做大农业龙头企业；强化农业科技支撑，建设农业科技社会化服务体系、农业科技成果转化和推广应用体系，搭建农村创新创业孵化平台，发展智慧农业。

农村改革全面深化。党的十八大以来，广东深化农村土地制度改革，坚持农村土地集体所有，落实中央第二轮土地承包到期后再延长三十年政策，完善农村承包地"三权"（所有权、承包权、经营权）分置制度，实施集体经营性建设用地入市制度，统筹推进水田垦造，大力推进拆旧复垦。持续深化农村集体产权制度改革。全面加强农村集体资产管理，健全覆盖全省的农村产权流转管理服务体系，深入推进资源变资产、资金变股金、农民变股东改革，有序推动集体经济股份内部流转，建立进城落户农民依法自愿有偿转让农村权益制度。建立健全农民收入持续稳定增长机制，培育新型职业农民，建立农产品优质优价正向激励机制，推动农民工与城镇职工平等就业，健全农民工输出输入地劳务对接机制，完善对农民直接补贴政策。巩固拓展脱贫攻坚成果与乡村振兴有效衔接，建立农村低收入人口和欠发达地区帮扶机制，建立健全防止返贫监测和帮扶机制，加强扶贫项目资金资产管理，建立乡村振兴定点帮扶机制，推动帮扶重点由现有的驻村向驻镇扶村转变。

乡村建设行动取得阶段性成效。党的十八大以来，广东持续改善农村人居环境，建设生态宜居美丽乡村，深入推进"千村示范、万村整治"工程，全域实施"五美"专项行动、农村改厕、生活垃圾分类处理和污水治理，建立健全农村人居管护长效机制。大力提升乡村基础设施和公共服务水平，统筹县域城镇和村庄规划建设，完善乡村基础设施，推进农村供水改革，实施新一轮农村电网升级改造，推动供气设施向农村延伸。持续加大农村教育事业和医疗卫生工程建设力度，把农村建设成为新时代文化乡村和健康乡村。以基层党建引领基层治理为主线，积极探索符合各地实际的乡村治理模式，加强党对乡村各项工作的集中统一领导，突出抓党建促进乡村振兴。

城乡区域发展不平衡是广东最大短板，乡村振兴、城乡融合发展是一篇大文章，必须久久为功，常抓不懈，才能不断取得成效。广东已经逐步把"短板"变成"潜力股"，正朝着乡村振兴、城乡融合发展大踏步前进。

七、化解广东全面小康最大挑战

改革开放以来，广东经济社会发生了翻天覆地的变化，但由于地理区位、资源禀赋、人文历史、政策制度等多方面因素的叠加影响，城乡区域发展不平衡的状况仍然明显，是广东全面建成小康社会的一个最大挑战。党的十八大以来，广东创新发展思路，探索区域协调发展新机制，构建"一核一带一区"区域发展格局，最大限度调动各地区区域优势，使各地区既"扬长避短"又互相弥补，为全面建成小康社会和迈向全面建设社会主义现代化国家新征程注入强大动能。

（一）区域发展不平衡的基本省情

广东通常分为四个区域：珠江三角洲地区（珠三角）、东翼地区（粤东）、西翼地区（粤西）、北部山区（粤北），一般把后三个地区合称粤东西北地区或粤东粤西粤北地区。珠三角包括广州、深圳、珠海、佛山、惠州、东莞、中山、江门、肇庆9市；东翼地区包括汕头、揭阳、潮州、汕尾4市；西翼地区包括湛江、茂名、阳江3市；北部山区包括韶关、河源、梅州、清远、云浮5市。

区域发展不平衡是制约广东实现全面小康最大因素。党的十九大报告指出，"我国社会主要矛盾已经转化为人民日益增长的美好生活需要和不平衡不充分的发展之间的矛盾"。"不平衡"主要是指生产力、区域、城乡发展的不平衡；"不充分"主要是指发展质量、发展程度的不充分。"不平衡不充分的发展"在广东的突出表现，是珠三角和粤东西北地区经济发展不协调的矛盾突出，经济社会发展差距较大，粤东西北地区经济发展不充分的情况明显。

以经济发展为例。改革开放以来，珠三角和粤东西北经济发展相对差距虽在缩小，但绝对差距却在扩大。例如，2007年珠三角地区生产总值与粤东西北相差1.93万亿元，2016年珠三角实现地区生产总值6.78万亿元，粤东西北地区生产总值1.78万亿元，两者之间绝对差距拉大到5万亿元。2007年粤东西北地区生产总值占全省地区生产总值的20%，2016年粤东西北地区生产总值占全省地区生产总值的20.8%，十年时间只提高了0.8个百分点。2016年，粤东西北居民人均可支配收入不到珠三角地区的一半。

再以基础设施和公共服务为例。珠三角和粤东西北交通、教育、医疗等方面的基础设施差距较大，便利的交通条件与优质的教育资源、医疗资源和人才资源，大部分集中在珠三角地区。与珠三角相比，粤东西北幼儿园和义务教育优质学位紧张，基层医疗卫生服务能力不强，养老服务床位少，高层次人才短缺。粤东西北人均受教育年限，每万人中大学生、科技人员、卫生人员的比例，每万人的医院床位数，以及文化设施等基本公共服务都明显落后。一直以来，东西两翼交通基础设施滞后，营商环境吸引力不足，支柱产业带动能力不强；同时，粤北地区绿色发展模式无法形成，生态优势得不到有效发挥。

多种因素相互叠加，形成了广东区域发展不平衡的局面。一是自然地理条件因素，这是主要因素。珠三角的土地类型以平原为主，是三江汇流之地，土质肥沃，优越的自然地理条件为经济的发展奠定了良好基础。粤东有潮汕平原和西南走向的一众山脉，山地丘陵中散布着谷地和盆地。粤西有大片山地，而沿海则是平原和台地相间分布。粤北山区的土地类型以山地丘陵为主，山地居多。地理环境造成的交通不便，给粤东西北地区经济发展带来了制约。二是区位优势差距明显。珠三角毗邻香港和澳门特别行政区，与香港、澳门特别行政区经济往来密切。改革开放以来，珠三角充分利用地缘优势承接港澳产业转移，吸引大量资金、技术、人才和其他社会经济资源，经济开始起飞。粤东西北不具备这样的区位优势，对经济社会发展产生了一定影响。三是政策与体制因素的影响。一段时期以来，我国实行的非平衡发展战略，重点支持沿海地区、优势地区率先发展，珠三角地区抓住机遇，加速发展，加之财政体制、资源配置等对珠三角地区相对有利，拉大了与粤东西北的差距。四是内生发展动力差异。珠三角地区凭借其资金、技术、人才的优势，具有强大的内生发展动力；相反，由于资金、技术、人才缺乏，粤东西北地区内生发展动力不足，一定程度上加剧了发展的不平衡。

（二）广东区域协调发展的探索

广东省委、省政府高度重视解决区域发展不协调不平衡问题，推动区域协调发展理念始终贯穿广东改革开放的历史进程。改革开放以来，在不同历史时期，广东省委、省政府根据当时的实际，提出了相应的思路和措施。

1992年前，以开发山区为切入点解决广东区域发展不协调不平衡问题。1984年2月召开的中共广东省委五届二次全会，已开始关注广东区域发展不平衡问题。广东省政府做出多方面努力：一是召开山区工作会议，谋划山区的经济社会发展，重点解决造林绿化和乡镇企业发展问题；二是发挥中心城市和沿海地区的辐射带动作用，大力扶持山区和老少边穷地区，促进地区经济的合理分工和优势互补；三是把加强山区基础设施建设作为区域协调发展的突破口之一；四是以政策支持开发山区，省政府对山区经济的发展给予优惠政策，提供财力、物力和智力的支持。

以1992年10月党的十四大确立社会主义市场经济体制改革目标为标志，实施"分类指导、梯度推进"发展方针。一是定位不同区域类型。1998年，广东省委、省政府提出，广东近五年的奋斗目标之一是"地区生产力布局更趋合理"，据此将广东的区域明确划分为四个层次即经济特区、珠江三角洲经济区、东西两翼、山区。二是产业结构调整与区域经济协调发展相结合，欠发达地区有组织地接受珠三角劳动密集型或其他技术档次较高企业的转移。强调粤东粤西要大力发展加工业、商贸业、重化工业、海洋产业，发展民营经济，加强与周边省区的经济合作，提高经济外向度和技术水平。三是实施对口扶贫政策。1994年4月，广东省委、省政府制定《广东沿海与山区对口扶持规则》，进一步明确对口帮扶政策。1996年，广东省委、省政府出台了《广东沿海对口扶持特困县脱贫工作责任制》，将对口扶贫任务具体化、目标化，并制定《广东特困县脱贫考评办法》，推动了贫困地区走自力更生、自我发展、自我脱贫的道路。四是给予政策支持和加强山区基础设施建设，省财政加大对粤东西北基础设施投入，加快粤东西北道路交通等基础设施建设，推动"路通财通"。

以2002年11月党的十六大提出全面建设小康社会为标志，确立和实施区域协调发展战略。2007年，广东省委、省政府下发《广东省东西北振兴计划（2006—2010年）》，提出到2010年，东西北地区振兴将取得初步成效，经济社会整体发展水平与全省平均水平差距扩大的趋势逐步扭转，东西两翼地区发展步入快速增长期，北部山区发展迈上新台阶。这一时期主要注重三方面的工作：一是加强区域协调发展的规划和引导，广东省委、省政府制定、出台了一系列关于促进区域协调发展的政策、文件和规划。二是实施"双转移"政策。"双转移"政策是广东推进区域协调发展的创造性构想和实践，包含产业转移和劳动力转移，即珠三角劳动密集型产业向东西两翼、粤北山区转移，东西两翼、粤北山区劳动力向当地第二、第三产业和珠三角地区转移。三是发展壮大县域经济。广东省委、省政府颁布了一系列县域经济政策，全省多个县域实现生产总值突破式增长。

链接

"东西北振兴计划"和"双转移"政策

2006年，广东省委、省政府提出编制实施"东西北振兴计划"。该计划是广东省"十一五"规划纲要针对东西两翼地区和北部山区发展的细化。"振兴计划"是一个规划体系，包括1个计划纲要和5个东西两翼专项规划、5个山区专项规划。规划期为2006年到2010年，展望到2020年。"振兴计划"确定了六方面的重点工作：一是推进产业加快发展，二是完善基础设施建设，三是壮大县域经济实力，四是提高对外开放水平，五是促进社会事业全面发展，六是营造良好的发展环境。专项规划列出了400多项东西北重点项目清单，布局了一批重大基础设施、工业项目及环保生态项目，计划总投资达8000多亿元，助力东西北步入发展快车道。

2007年，广东正式形成"双转移"政策。2008年5月，广东省委、省政府下发《关于推进产业转移和劳动力转移的决定》，提出加快推进珠三角劳动密集型产业有序梯度向东西两翼和粤北山区转移；加快推进省内劳动力向珠三角发达地区转移，大力推进农村劳动力就地就近就业，鼓励企业招用本省农村劳动力，加强农村劳动力职业技能培训，加强就业培训载体建设，强化转移就业公共服务，建立优秀农民工激励机制。为切实做好"双转移"，2008—2012年5年时间里，共安排500余亿元资金。"双转移"是广东主动适应国际国内产业转移和发展大趋势、按照经济规律办事的战略选择，是破解发展难题、实现区域协调发展的有效途径。"双转移"形成了一批布局合理、产业特色鲜明、集聚效应明显的产业转移集群，同时也推动粤东西北地区就业人口结构明显改善。

以2012年11月党的十八大提出全面建成小康社会的奋斗目标为标志，实施"三大抓手"，推动广东区域协调发展。2013年7月，广东省委、省政府出台《关于进一步促进粤东西北地区振兴发展的决定》，要求充分发挥粤东西北地区主体作用，以改革创新和扩大开放为动力，以加快新型工业化和城镇化为突破口，加快转变经济发展方式实现跨越发展、转型发展、绿色发展。2014年1月，中共广东省委十一届三次全会通过《中共广东省委贯彻落实〈中共中央关于全面深化改革若干重大问题的决定〉的意见》，提出"构建区域互动发展机制"，强调继续实施区域协调发展战略，充分发挥各地区比较优势。2014—2017年，促进粤东西北地区振兴发展上升为省委、省政府年度重点工作任务，以交通基础设施、产业园区建设、粤东西北地级市中心城区扩容提质"三大抓手"为重点，加大投入和建设力度，构建广东区域协调发展新格局。

以2017年10月党的十九大提出"实施区域协调发展战略"为标志，实行差异化发展政策，构建"一核一带一区"区域发展格局。党的十九大以来，广东积极响应党中央"实施区域协调发展战略"号召，以精准施策为准则，灵活化解广东区域协调发展历史遗留顽疾，多方施策，直击区域发展不平衡的顽固痛点。一是全面实

港珠澳大桥

施以功能区为引领的区域发展新战略，依据发展基础、资源禀赋、地理优势，将广东划分为珠三角核心区、沿海经济带、北部生态发展区，赋予"一核一带一区"不同的功能定位，珠三角核心区通过创新驱动实现产业升级；沿海经济带承担起广东经济发展重担；北部生态发展区立足生态屏障建设提升发展能力。二是实施区域差异化布局，对于"一核一带一区"的基础设施、产业园区和产业项目，实施差异化布局，在错位发展中实现协调发展、特色发展，缩小区域发展差距。三是进一步推进基本公共服务均等化，通过加大财政转移支付力度，优化调整转移支付结构，努力实现教育公平，构建均衡的公共卫生服务体系，加快完善社会保障体系，使政府为城乡居民提供基本的、大致均等的公共服务，以缩小区域发展差距。四是以实施乡村振兴战略为重点，加快改变广东农村落后面貌，坚持以城带乡、城乡一体化发展，加快构建一二三产业融合发展的现代农业体系，健全乡村治理体系，着力补齐农业农村发展短板，力争在实施乡村振兴战略中走在全国前列，通过乡村振兴促进协调发展。

（三）"一核一带一区"

构建"一核一带一区"区域协调发展格局，是2018年广东深入开展思想解放和深调研活动的重要成果。广东按照分类指导、突出重点、强化统筹、坚守底线的原则进行施策，坚持对区域发展统筹协调和分类别指导方法，实施以功能区为引领的区域协调发展战略，加快构建形成珠三角地区、沿海经济带、北部生态发展区构成的"一核一带一区"区域发展新格局。2019年7月，

2021年2月9日，揭阳大桥通车

广东省委、省政府印发《关于构建"一核一带一区"区域发展新格局促进全省区域协调发展的意见》，催化各区域间的"化学反应"，推动新时代广东创新发展、协调发展、绿色发展、开放发展、共享发展。

"一核"即珠三角地区，是引领全省发展的核心区和主引擎。重点对标建设世界级城市群，推进区域深度一体化，加快推动珠江口东西两岸融合互动发展，携手港澳共建粤港澳大湾区，打造国际科技创新中心，建设具有全球竞争力的现代化经济体系，培育世界级先进制造业集群，构建全面开放新格局，率先实现高质量发展，辐射带动东西两翼地区和北部生态发展区加快发展。突出创新驱动、示范带动的特点，集聚整合高端要素资源，进一步把珠三角地区打造成为高端功能集聚的核心发展区域。

"一带"即沿海经济带，是新时代广东发展的主战场。该区域包括珠三角沿海7市和东西两翼地区7市。东翼以汕头市为中心，包括汕头、汕尾、揭阳、潮州4市；西翼以湛江市为中心，包括湛江、茂名、阳江3市。重点推进汕潮揭城市群和湛茂阳都市区加快发展，强化基础设施建设和临港产业布局，疏通联系东西、连接省外的交通大通道，拓展国际航空和海运航线，对接海西经济区、海南自由贸易港和北部湾城市群，把东西两翼地区打造成全省新的增长极，与珠三角沿海地区串珠成链，共同打造世界级沿海经济带，加强海洋生态保护，构建沿海生态屏障。

"一带"拥有诸多优良港湾和陆地平原，具有成为广东未来发展新增长极的空间和潜力，将其与珠三角城市串珠成链，利用沿海地域培育新能、多元、联动的产业集群，打造世界级沿海经济带。加快汕头、湛江省域副中心城市建设，将汕头建设成为新时代中国特色社会主义现代化活力经济特区，引领粤东地区整体经济水平加快发展。推动湛江深度对接海南自由贸易港和国家西部陆海新通道建设，增强对粤西地区的辐射带动能力。大力支持汕头、湛江基础设施、产业、区域发展平台和创新平台建设，全面提升城市综合服务功能。打造汕头、湛江全国性综合交通枢纽，推动形成沿海高快速铁路"双通道"，强化东西两翼地区空港、海港、陆路枢纽功能集成，谋划建设一批通往沿海港口的货运铁路和物流枢纽。推动重大产业向东西两翼沿海地区布局发展，持续升级壮大绿色石化、新能源等优势产业，培育一批千亿级产业集群，打造世界级沿海产业带。

链 接

汕头加快打造现代化沿海经济带重要发展极

汕头是我国五个经济特区之一、海上丝绸之路重要门户、粤东中心城市、东南沿海重要港口城市。一段时期以来，汕头经济发展相对滞后。新时代，汕头紧紧围绕"一核一带一区"区域协调发展格局，抢抓发展机遇，以坚定不移走"工业立市、产业强市"之路，"1146"工程为抓手，加快打造现代化沿海经济带重要发展极。

第一个"1"是指坚持党建引领，始终把党的政治建设摆在首位，把各级党组织锻造得更加坚强有力，激励广大党员干部永葆"闯"的精神、"创"的劲头、"干"的作风，为实现新定位新目标新任务提供坚强政治保证和组织保证。

第二个"1"是主动融入国家战略,以深化改革服务构建发展新格局,用好经济特区立法权,统筹推进一批重大改革,形成一批系统性突破性改革创新成果。

"4"是要坚定不移贯彻新发展理念,做大做强先进装备制造业、现代服务业、文旅产业、现代农业4个支柱产业,加大招商引资和有效投资力度,大力发展绿色石化、新材料、新一代信息技术等战略性新兴产业。

"6"是突出6个着力点,为实现新定位新目标新任务提供有力支撑。一是全面提升省域副中心城市发展能级,加强历史文化街区保护,强化生态环境治理,提升综合交通功能,优化产业空间布局,持续改善营商环境,在强化综合服务功能上迈出新步伐。二是全力做好新时代"侨"的文章,创新惠侨利侨政策,打造华侨精神家园,加强对外宣传推介,在凝侨心、聚侨力、护侨益上作出新探索。三是牢固树立全周期管理意识,建设新型智慧之城,创新社会治理方式,下移社会治理重心,在探索城市治理新路径上展现新作为。四是保障改善民生,完善民生实事办理制度,有效衔接脱贫攻坚与乡村振兴,打造区域教育、医疗、文化、商贸"四个高地",在提高人民生活品质上达到新水平。五是坚持"两手抓、两手都要硬",启动新一轮全国文明城市创建工作,推动城乡文化协调发展,用坚定的文化自信培根铸魂,在物质文明建设和精神文明建设上实现新突破。六是统筹做好发展和安全两件大事,贯彻落实总体国家安全观，提高公共安全保障能力，深化"平安汕头""法治汕头"建设，在维护社会大局稳定上取得新成效。

2021年11月，中国共产党汕头市第十二次代表大会召开，强调全面落实"1+1+9"工作部署，深化实施"1146"工程，加快建设现代化活力经济特区，在新时代经济特区建设中迎头赶上，全力以赴加快建设现代化活力经济特区。

"一区"即北部生态发展区，是全省重要的生态屏障，包括韶关、梅州、清远、河源、云浮5市。以保护和修复生态环境、提供生态产品为首要任务，严格控制开发强度，大力强化生态保护和建设，构建和巩固北部生态屏障。合理引导常住人口向珠三角地区和区域城市及城镇转移，允许区域内地级市城区、县城以及各类省级以上区域重大发展平台和开发区（含高新区、产业转移工业园区）点状集聚开发，发展与生态功能相适应的生态型产业，增强对珠三角地区和周边地区的服务能力，以及对外部消费人群的吸聚能力，在确保生态安全前提下实现绿色发展。把"绿水青山就是金山银山"理念贯彻到底，在发挥生态优势同时持续保护原有的优越生态环境，实行"面上保护、点上开发"原则，推进产业生态化和生态产业化，因地制宜发展农产品加工、生物医药、清洁能源等绿色产业。大力发展生态旅游，提升南岭、丹霞山、万绿湖等旅游品牌影响力，开发建设红色文化、南粤古驿道、少数民族特色村寨等精品线路，着力打造粤北生态旅游圈。

链 接

把握发展大势，建设"六新"韶关

韶关市位于粤北，属"一区"范畴。韶关积极抢抓"一核一带一区"区域发展新格局建构的机遇，努力实现"六新"目标，奋力谱写韶关高质量发展新篇章。

一是生态环境优美的新韶关。以国家公园为主体的自然保护地体系加快建设，全市森林覆盖率、森林蓄积量、林业用地面积继续位居全省前列，文旅产业蓬勃发展，创建全域国家森林城市。

二是经济跨越发展的新韶关。经济结构持续优化，传统产业焕发新活力，新兴产业发展壮大，新增一批百亿级和千亿级产业集群。

三是创新活力迸发的新韶关。科技创新支撑引领产业发展的作用显著增强，创新主体培育和重大创新平台建设实现新突破，集聚一批高层次、实用型创新创业人才，培育一批高成长性企业，创新型城市建设迈出坚实步伐。

四是城乡融合发展的新韶关。中心城区扩容提质，区域科技、教育、文化、医疗中心基本形成，城乡要素自由流动制度性通道基本打通，城乡公共服务一体化水平稳步提高，城乡融合发展进程加快，城镇化率显著提高，乡村振兴取得明显成效。

五是人民生活幸福的新韶关。实现更加充分更高质量就业，城乡居民收入增长与经济增长基本同步，社会

宝钢湛江钢铁基地生产区（刘冀城 摄）

事业全面发展，努力创建全国文明城市，基本公共服务质量和均等化水平不断提高，多层次社会保障体系更加完善。

六是治理规范高效的新韶关。经济治理、社会治理、城乡治理统筹推进的治理体系基本建成，社会主义民主法治更加健全，市域社会治理水平显著提高。

"一核一带一区"区域发展格局已渐次成型，并取得显著效果，粤东西北与珠三角地区协同发展能力逐步提升。广东区域协调发展挑战虽仍巨大，但总体态势向好。2020年，珠三角核心区GDP占全省比重为80.8%，东翼、西翼、北部生态发展区分别占6.4%、7.0%、5.8%。交通基础设施方面，全省"5+4"骨干机场布局扎实推进，湛江新机场、韶关机场、惠州机场等建设顺利完成，梅汕铁路、穗深城际等一批铁路建成通车，高速公路网不断优化，区域性基础设施均衡通达性明显提升。东西两翼重大产业项目崛起，湛江巴斯夫、湛江宝钢、茂名石化等重大项目进展顺利，世界级沿海重化产业带正加速形成。北部生态发展区绿色产业体系加快构建，已建成省级现代农业产业园42个，占全省42%；"农业+""旅游+"产业发展迅速，乡村旅游和生态经济成为名片，生态保护和经济发展、城乡融合发展优势逐步显现。

2020年广东各区域主要经济指标表

区域	地区生产总值（亿元）	比上年增长（%）	规模以上工业增加值增长（%）	固定资产投资增长（%）	社会消费品零售总额增长（%）	地方一般公共预算收入增长（%）
珠三角核心区	89523.93	2.4	1.6	9.4	−6.1	2.7
东翼	7053.51	1.7	−1.7	−1.0	−8.8	3.4
西翼	7739.97	2.2	5.2	−0.5	−5.8	3.2
北部生态发展区	6443.54	2.8	3.5	4.5	−7.6	3.0

资料来源：广东省统计局。

（四）"双区驱动""双核联动"

"双区驱动"是指以粤港澳大湾区和深圳先行示范区为主要牵引力的发展战略，通过深化改革和扩大开放，释放"双区"利好叠加的"化学反应"和"乘数效应"，为广东经济社会发展注入新动能，有力带动全省其他地区发展。粤港澳大湾区和深圳先行示范区，是习近平总书记和党中央谋划和推动的国家层面的大战略，是广东推动区域协调发展的重要机遇。

"双核联动"是指在借力"双区"的基础上，以广州、深圳"双子星"为核心，通过增强核心引擎功能，充分发挥广州和深圳改革开放先驱优势和城市联动优势，推进珠三角一体化进程，为推动构建"一核一带一区"提供强大动能，助力广东区域发展新格局。广东提出赋予广州和深圳两市以"双核"身份，要求广州、深圳两市辐射、率领、激活省内其他城市特别是欠发达城市发展，广东全力支持深圳建设中国特色社会主义先行示范区，以同等力度支持广州实现老城市新活力和"四个出新出彩"，推动"双城"做优做强，共同打造全省发展核心引擎。

作为世界级湾区，自粤港澳大湾区建设启动以来，在《粤港

粤港澳大湾区新横琴口岸

莲花山俯瞰深圳市中心区

澳大湾区发展规划纲要》指引下，粤港澳大湾区的发展和强大的推动作用已经显现。粤港澳三地在资源流动、平台建设、产业融合、科技创新、体制壁垒消除等方面，已经迈出重要步伐。特别是横琴粤澳深度合作区、前海深港现代服务业合作区等重大平台利用在政策创新、体制机制改革方面的先行先试优势，在吸引留住港澳人才，推动科技、金融等创新合作方面发挥着重要示范带动作用。据2021年9月9日国务院新闻办公室横琴、前海开发建设情况新闻发布会通报，中国香港的税务师、注册建筑师等20多类人才可在前海便利化执业，前海深港青年梦工场等累计孵化香港创业团队245家。

深圳建设中国特色社会主义先行示范区已经跑出"敢为人先"的加速度，牵引带动广东持续优化区域经济布局，正在释放推动全省高质量发展的整体效应、集聚效应、协同效应、战略效应、辐射引领效应。广东全省动员、全力支持深圳建设中国特色社会主义先行示范区，省委召开全会作出专门部署，审议通过支持深圳建设中国特色社会主义先行示范区的若干重大措施，明确特事特办，全力支持深圳。深圳围绕高质量发展高地、法治城市

深圳前海全景

示范、城市文明典范、民生幸福标杆、可持续发展先锋等五大战略定位，推动实现"五个率先"，形成示范带动效应。以光明科学城—松山湖科学城为重点，推动大湾区综合性国家科学中心先行启动区建设，加快深圳在未来通信高端器件等领域创建制造业创新中心，发展智能经济、健康产业等新产业新业态，打造数字经济创新发展试验区，不断增创深圳发展新优势。支持深圳发展更具竞争力的文化产业和旅游业，完善教育、文化、医疗、住房、养老等民生服务供给和保障机制，加快推动城市治理体系和治理能力现代化。

链 接

深汕特别合作区交通建设进入"快车道"

2011年建立的深汕特别合作区是全国首个在空间上相距较远的城市之间的特别合作区，如果缺乏畅通无阻的交通连接，合作区发展将受到极大束缚。2017年7月，广汕高铁正式开工，设立深汕站，该项目是深汕特别合

作区规划"一主一辅三站"枢纽体系中的主枢纽，也是
深汕特别合作区打造"与深圳半小时、与广州一小时交
通圈"的重要载体。深汕铁路新建正线全长125.49公里。
其中，深圳市区段52.54公里，惠州段56.07公里，深汕
特别合作区段16.88公里。这条高铁2025年建成通车后，
深汕特别合作区至深圳西丽的运行时间将缩短至半小时
以内。

　　2021年，深汕特别合作区实现"十四五"良好开
局。全年地区生产总值70.91亿元，同比增长17.8%；规
模以上工业增加值32.18亿元，同比增长24.9%；社会消
费品零售总额30.41亿元，同比增长8.0%；固定资产投资
166.13亿元，同比增长32.4%。

广州正全力激发老城市新活力，推动"四个出新出彩"，强
化广州省会城市功能，提升国家中心城市和综合性门户城市发展
能级，打造全球商业经济优良环境新标杆。充分发挥国际科技创
新中心的重要引擎作用，推进广州科学城建设，强力发展粤港澳
大湾区国家技术创新中心和国家新型显示技术创新中心，全力打
造人工智能与数字经济试验区，大力发展高新科学技术创新功能
区，大力培养、扶植技术型人才，集中发展高科技产业集群，合
理配置科学技术资源。积极推动完善基础设施，将广州建设成为
社会主义文化强国的城市范例，推进广州高质量更新改造，建设
美丽宜居广州。广州也在协助其他城市打造自身特色，协助其他
城市扩容提质，建设现代化都市，增强居民现代化生活体验感、
幸福感、满足感。

推动北部生态发展区高质量融入"双区"

按照"一核一带一区"功能地位，粤北属生态发展区，是广东重要的生态屏障。将区域发展不平衡的短板转化为优势，需要在"一核一带一区"区域发展新格局下精心谋划，推动其融入粤港澳大湾区和深圳先行示范区。

广东北部生态发展区有四大不可多得的优势：生态环境良好、现代农业基础良好、旅游文化资源丰富、跨区域合作基础良好。也存在四大短板：交通基础设施比较落后、产业基础比较薄弱、公共服务水平较低、城乡

蔬果丰收（梁俊海 摄）

区域发展差距较大。"一核一带一区"区域发展格局为其带来了三大机遇:"双区"的辐射带动、广东省给予的北部生态区特殊的政策红利、生态文明建设进入关键期的红利。同时,也面临着"双区"的虹吸效应、环保的刚性约束等现实挑战。

为此,推动北部生态发展区高质量融入"双区",一是推进农业农村现代化,将其打造为"双区"的"米袋子""菜篮子""果盘子""茶罐子""药箱子";二是加强其水资源涵养功能,打造"双区"的"水缸子";三是发展文化旅游康养产业,打造"双区"的"后花园""康养地""体验场";四是重点开发区走生态化发展道路,打造"双区"产业的"共建地""承接地";五是打通要素流动通道,打造"双区"的资源要素"流入地""集聚地"。

"双区驱动""双核联动"互为依托、互相促进、相辅相成,共同服务于广东改革开放和现代化建设,是新时代广东全面深化改革开放和推动现代化进程的重大战略和重要抓手,形成广东区域协调发展强大动能,共同推动广东经济由大向强发展转变。

八、小康中国的"广东力量"

　　"画的这个女孩的手背在身后，可能是孩子在等待或者缺乏安全感。" 肖冬梅通过一张张画，阅读孩子的心理状态。肖冬梅是广州市天河区第一小学的心理骨干教师，正在贵州省纳雍县天河实验学校对口帮扶支教，她已经全身心投入咨询、培训、教学等工作。纳雍县天河实验学校是广州市天河区投资4250万元，专门针对纳雍县贫困群众易地搬迁社区——宣慰社区配套建设的学校。

　　贵州省毕节市是广州市对口帮扶对象。据《中国教育报》2020年9月29日报道，自开展东西部扶贫协作教育对口帮扶工作以来，广州与毕节共开展教育交流互访275次，广州市选派341名骨干教师到毕节受援学校挂职、支教，接收毕节市245名中小学校长、105名中层干部、408名教师到广州挂职、跟岗学习；援助教育资金累计近3亿元……

　　祖国西部省份的奔康路上，有许多像肖冬梅这样的广东人，他们是行走在西部奔康路上的"广东力量"。

（一）"东西南北中，发财到广东"

党的十一届三中全会之后，党中央赋予广东改革开放先走一步、"杀出一条血路来"的历史重任。广东不负重托，解放思想，开拓创新，创造性地运用中央给予的特殊政策和灵活措施，取得了经济发展的"广东奇迹"。1978年，广东GDP为186亿元，占全国GDP的5.1%；改革开放后广东连续33年经济总量位居全国第一，2018年，广东GDP为9.73万亿元，2019年为10.77万亿元，2020年为11.08万亿元，2021年达12.4万亿元。广东不仅自身实现突破式发展，而且对全国经济增长作出了重要贡献，完美诠释了"广东力量"。

改革开放和经济发展走在前列，体制更加灵活，就业机会和发展机会更多，广东对其他地区的人来说充满了吸引力。广东也以其开放包容的心态欢迎四方来客，"来了就是广东人"。

2020年第七次全国人口普查数据显示，与2010年第六次全国人口普查相比，广东21个地级市中，有15个市人口增加。人口增长较多的5个市依次为：深圳市增加了700多万人，广州市增加了500多万人，佛山市增加了200多万人，东莞市增加了200多万人，惠州市增加了100多万人。外省人员进入广东务工、创业是人口数量增长的重要原因。广东省统计局测算，2020年全省总流动人口5000多万人，其中外省流入广东的人口超过3000万人，比2010年增加800多万人，年均增长3.26%，且继续保持增长态势。

广东人口主要指标表

年份	2000	2010	2015	2018	2019	2020
年末常住人口（万人）	8650.03	10440.94	11678	12348	12489	12624
总迁移率	29.53%	20.42%	15.79%	27.14%	24.34%	23.37%
跨省净迁移率	1.01%	2.52%	0.8%	6.61%	6.19%	5.51%

资料来源：广东省统计局。

　　"东西南北中，发财到广东。"到广东务工，就有更多就业和挣钱的机会，可以帮补贫困的家庭，这是20世纪八九十年代到广东务工人员朴素的想法和愿望。他们吃苦耐劳、任劳任怨，珍惜来之不易的工作机会。有了在广东打工的收入，他们的家庭经济情况得到根本改善，孩子有了上学的条件，命运也随之改变。他们中的一些人，因为能力出众和善于抓住机遇，成为创业者、"老板"，并在广东扎下根来，成为"新广东人"。

　　进入21世纪，新一代"打工人"情况有了新的变化，他们有了更高的学历和更好的条件，不再像祖辈、父辈那样守着一份工作。他们更看重发展机会，要追求自己的幸福生活。广东也应时而变，努力给新一代"打工人"提供更好的发展条件和平台，帮助他们在广东这片热土上获得发展。

　　3000多万名来自各个省份的流动人员，背后是千万个家庭，广东的经济社会发展，让这3000多万流动人员、上千万个家庭进入全面小康，这是广东对小康中国实实在在的贡献！

　　广东也感谢来自祖国各地的务工人员！他们给广东带来了高

素质的劳动力，为广东经济社会发展注入了活力，让广东最早享受了巨大的"人口红利"，推动了广东经济的起飞。广东全面建成小康社会，是1.26亿广东人共同努力的成果！

链 接

首个农民工人大代表胡小燕

　　胡小燕，1974年1月出生，四川省广安市武胜县人。1998年南下广东打工，2008年当选首个农民工人大代表，现任广东省佛山市三水区总工会副主席。2018年11月，入选100名改革开放杰出贡献表彰对象。

　　1998年农历十月，从四川开往广东的一列绿皮火车上，24岁的胡小燕非常清醒地明白此次南下的目的，"出来打工，就是为了还债"。胡小燕的老家在广安市武胜县大中坝村。小女儿体弱多病，加上公公生病住院，让原本没什么收入的家庭欠了2万元外债。"当时，这笔钱可以盖一栋很漂亮的楼房了。"

　　1999年2月，胡小燕进入一家电子厂做流水线工人，每天工作12个小时，一个月能挣四五百元。在她看来，这让她从农村真正走到了城市。半年后，她跳槽到陶瓷厂做窑头工。"只有掌握了核心技术，才不会轻易被炒。"为了在陶瓷行业站稳脚跟，胡小燕不断尝试新工种，学会了陶瓷印花、淋釉和分级。

　　2002年6月，胡小燕进入新明珠建陶工业有限公司。

在这里，她完成了身份的"四级跳"，从一名普通分级员迅速成长为跟班质检，再到质量总检、成品车间副主任、销售主管。胡小燕说："包容开放的时代下，公司锐意进取大胆起用新人，不看背景，不看户籍，只看能力。"2003年，胡小燕考上了质量总检的职位；2005年晋升至成品车间副主任，成为中层管理者。

2008年1月21日下午，广东省十一届人大一次会议第三次全体会议举行全国人大代表选举投票，773名代表中有740票投给了胡小燕，胡小燕当选全国人大代表，这是中国民主政治建设中的里程碑事件。

（二）扶贫协作、对口帮扶"粤给力"

统筹脱贫事业，坚持"全国一盘棋"是全面建成小康社会的内在要求。区域发展不平衡不仅是广东省情，也是全中国全面建成小康社会的一大障碍。为实现打赢全面脱贫攻坚战的美好目标，广东立足自身发展的同时积极帮扶其他地区，落实"粤给力"，助力全国全面建成小康社会。

1996年，国务院办公厅转发了国务院扶贫开发领导小组《关于组织经济较发达地区与经济欠发达地区开展扶贫协作报告》的通知，强调坚持东西部地区优势互补、互利互惠、共同发展。2016年7月，习近平总书记在银川主持召开东西部扶贫协作座谈会，强调开展深化东西部协作和定点帮扶工作的急迫性，通过东西部协作和定点帮扶推动全国区域协调发展、促进全国共同富裕，如期实现第一个百年奋斗目标。广东积极响应党中央号召和指示，积极为贫困地区培训和引进人才，实现扶贫与扶智相结合；引进技术和资金，为全面脱贫奠定物质基础；开展劳务合作，组织贫困地区劳动力到广东就业，给予稳定的就业支持。

1996年以来，广东开始东西协作、对口帮扶，帮扶广西、贵州、西藏、新疆、重庆、四川、云南等西部地区。党的十八大以来，广东不断深化东西部扶贫协作。2018年，广东制定实施《广东省东西部扶贫协作三年行动方案（2018—2020年）》，部署产业合作帮扶行动、人才支援帮扶行动、资金支持帮扶行动、易地搬迁帮扶行动、劳务协作帮扶行动、扶志扶智帮扶行动、发动社会帮扶行动、携手奔小康行动等八大行动，提出到2020年，在产业协作、人才支援、资金支持、劳务协作、携手奔小康行动等方面取得显著成效，始终走在全国前列；助力受帮扶地区顺利实现"现行标准下农村贫困人口实现脱贫，贫困县全部摘帽，解决区域性整体贫困"的目标。

广东按照"中央要求、当地所需、广东所能"，担最重的任务，啃最硬的骨头，交最靓的答卷。2016年以来，广东承担对广西、四川、贵州、云南4省（区）14个市（州）共93个贫困县帮扶任务，累计援助扶贫协作地区各类帮扶资金671亿元，派出党政干部480人、教师医生等人才9597人，引导13710家企业实际到位投资3592亿元，实现消费扶贫金额591亿元，帮扶的93个贫困县摘帽、9747个贫困村出列、500多万贫困人口脱贫，助力被帮扶地区高质量打赢了脱贫攻坚战。

广东东西协作、对口帮扶创新举措

2020年12月3日，广东省人民政府新闻办公室举行新闻发布会，重点介绍广东省近年来开展东西部扶贫协作对口帮扶相关情况。

广东省扶贫办二级巡视员宋宗约指出："我省各级主动作为，积极实践，创造了东西部扶贫协作的'广东经验'，主要包括四大创新举措和四个特色做法。"

四大创新举措是：运用"6·30"扶贫济困日平台动员社会力量支持扶贫协作，助力挂牌督战；做实"五个一""攻坚八条"，创新推动中西部22省区387万贫困劳动力在粤稳岗就业；创建广东东西部扶贫协作产品交易市场，推动消费扶贫进入"快车道"，打造对口支援工作"升级版"；粤桂协作首创贫困村致富带头人"双培双带双促"培训模式。

四个特色做法是：实施"粤菜师傅""广东技工""南粤家政"三六工程，提升贫困劳动力就业技能；落实援建易地搬迁点帮扶"1+N"配套举措，确保"搬得出、稳得住、能致富"；实施粤港澳大湾区"菜篮子"工程，带动中西部扶贫产品对接融入大湾区；开展边境贫困村"六项帮扶"，促进稳边固疆。

扶贫协作、对口帮扶"粤给力"的创新举措很多，感人故事很多，下面以对口帮扶广西、四川为例。

广西壮族自治区是广东最早开展协作帮扶的省区，多年来，广东对口帮扶关系，已经形成了一整套完善的措施。

产业合作方面。广东充分利用广西特色优势产品举办宣传推介活动，举行"壮族三月三·相约游广西"等活动，借以推广广西乡村旅游产品、定期推进广西现代特色农业示范区项目2—3个，建设科技园、产业园、特别试验区等实现经济效益。消费扶贫协作兜底脱贫产业，广东动员各事业单位、民营企业爱心人士等社会力量通过"以购代捐""以买代帮"等方式采购广西贫困地区产品和服务，带动消费扶贫。环保协作实现绿色脱贫，实施《粤桂两省区九洲江流域水污染防治规划》，推进广西绿色脱贫。广东、广西两省区定期召开扶贫相关联席会议，及时解决困扰扶贫进程的新问题，加快帮助广西如期完成全面脱贫。

人才培养方面。积极开展人才交流活动，由两省区教育厅、党委组织部、扶贫工作小组牵头，通过每年选派30名左右广西中高职院校骨干教师到广东有关职业技术院校学习、选派广西壮族自治区政府66名干部到广东省挂职学习、定期专门举办广东扶贫协作挂职干部培训班等，提高广西政治干部的政治能力水平，提高广西高校教师学术水平和执教能力，实现既扶贫又扶智。实施粤桂普通高中学校"牵手工程"，广东33所帮扶学校每年选派3—5名骨干教师赴广西支教，协调专家到广西教学指导；接收广西教师来粤跟岗学习；广东每年统筹安排优质技工院校对口兜底招录广西建档立卡贫困"两后生"。

医疗协作方面。由两地卫健委牵头，实行广东对口帮扶广西

33个国家扶贫开发工作重点县和滇桂黔石漠化片区县县级医院，通过互派副院长和医务人员挂职交流，推动提升广西医疗人员的能力水平。多方面帮扶广西贫困残疾人实现全面脱贫。

四川省凉山彝族自治州是全国最大的彝族聚居区、"三区三州"深度贫困地区之一，17个县市中有11个民族聚居县为深度贫困县。全国多个省市对口帮扶凉山，广东省佛山市也是其中一员。在佛山市的对口帮扶下，凉山州甘洛县、雷波县、盐源县、木里县4个县2020年2月成功摘帽，普格县、布拖县、金阳县、昭觉县、喜德县、越西县、美姑县7个县2020年11月16日退出贫困县，凉山州区域性整体贫困得到历史性解决，佛山对口帮扶凉山的11个贫困县全部清零。2021年2月，在全国脱贫攻坚总结表彰大会上，广东佛山对口凉山扶贫协作工作组荣获"全国脱贫攻坚先进集体"称号。

佛山工作组总结出"一核多极、合力并进"的工作模式。"核"是指驻凉山州府西昌市的工作组本部，"极"是指凉山州11个贫困县的各驻县工作小组。2016年8月以来，佛山对口帮扶凉山，累计投入和使用财政援助资金24.52亿元，年平均增长率达64.62%，选派51名党政干部、472名专业技术人才到凉山帮扶，实施扶贫项目超900个，推动凉山脱贫攻坚取得决定性胜利，11个贫困县全部脱贫摘帽。

深化产业互助脱贫工作，增强产业经济"造血"功能。佛山对在凉山投资的广东企业，按照实际投资额的20%给予奖补，对招收当地建档立卡贫困人口就业的企业给予每人每月500元的用工补助，基于凉山州在农业旅游、种植养殖方面的资源优势，充分挖掘凉山本地产业发展潜能。据统计，佛山累计投入财政援助资金4.64亿元用于产业扶贫，支持凉山11个贫困县发展184个产业项目，引导96家企业投资74.83亿元；佛凉共建的31个农（林）业园区，已形成有典型示范作用、初具产业集聚效应的园区载体，为凉山未来产业兴旺、稳定增收的崭新图景打下了扎实根基。

持续开展两地人才培训活动，实现稳定脱贫。佛山是制造业大市，凉山劳动力充裕，将凉山的贫困劳动力输出到佛山务工，是增收脱贫最直接见效的办法。据统计，2016—2020年，佛山组织向广东输出凉山籍务工人员42489人，其中贫困劳动力36670人；佛山实施援建新村"领头雁计划"，组织各方专家精心安排课程培训援建新村第一书记139名、致富带头人1238名。

强化凉山社会基础服务体系建设，增强群众幸福感。稳定加强教育帮扶，助推凉山学生高质量培养模式形成，佛山在凉山州建立佛山普通高中教学示范点，设立"佛山班"，帮助凉山实现教育质量升级。大力强化医疗帮扶，建设"带不走"的医院，佛山工作组派驻佛山市5家优质三甲医院组团式帮扶凉山州喜德县人民医院，通过手把手地培训，打造了一支"带不走"的医疗队伍。帮扶住房建设，为贫困群众搭建温暖港湾，佛山将凉山贫困居民的安全住房建设作为脱贫项目中的重中之重。据统计，佛山市直接投入6.4亿元援助资金，援建了10314套安全住房，帮助41813名贫困户、边缘易致贫户住上了安全住房。

链 接

凉山少年佛山圆梦

2016年，凉山少年吉则工人被定为建档立卡贫困户。佛山扶贫工作组入驻以后，帮助吉则工人入读顺德梁銶琚职业技术学校中餐烹饪与营养膳食专业，不仅学费全免，寒暑假往返学校的路费和每月600元的生活补助也都由学校所在地的财政拨付。吉则工人学习十分刻苦，以较快速度实现技术进步。和吉则工人一样的学生还有很多，"凉山班"学生李松通过顺德梁銶琚职业技术学校烹饪专业的学习，成功走上"寻味凤城——'世界美食之都'顺德美食品鉴夜"活动舞台，在英国伦敦和纽卡斯尔两座城市献上"萝卜渔网花刀"表演，让在场嘉宾叹为观止。

从2018年开始，佛山对口招收凉山州中职学生到佛山市各职业学校学习。其中，顺德厨师学院开办佛山特色职业教育劳务培训，开展厨艺"送教上门"，开设三期"精准扶贫定向班"，每年招生90人，为贫困地区人员提供全方位多层次烹饪技术培训与服务。截至2020年7月，顺德厨师学院各级各类"粤菜师傅"培训班共举行52期，培训学员3005人，其中通过"送教上门"形式开展培训超过550人次，参加培训的全部学员实现就业，建档立卡贫困户实现全部脱贫。

（三）西部奔康路上的广东人

西部深度贫困地区自然条件恶劣，经济社会发展程度低，对口帮扶工作任务重、难度大、要求高，一线参与扶贫的党员干部和各界人士不仅要暂时与家人分居两地，还承受着来自自然环境、文化差异、工作任务等各方面的压力，难度可想而知。

开展扶贫协作、对口帮扶以来，广东一批批优秀党员干部和各界优秀人才奔赴西部贫困地区基层一线，成为"西部奔康路上繁忙的广东人"。2016年以来，广东省派出党政干部480人、教师医生等人才9597人到广西、四川、贵州、云南4省（区）14个市（州）共93个贫困县进行帮扶。因为有了他们长期的艰苦奋战，广东取得多个"全国第一"（财政援助资金、社会帮扶资金、派出干部和专业技术人才、引导企业实际投资额、消费扶贫、稳岗就业、社会力量助力挂牌督战投入、完成城乡建设用地增减挂钩节余指标跨省域调剂任务等方面）的优异成绩。2021年8月27日，中央农村工作领导小组办公室、国家乡村振兴局联合印发《关于公布国家乡村振兴重点帮扶县名单的通知》，将全国范围内的160个县设立为国家乡村振兴重点帮扶县，其中广东结对帮扶40个，占全国总数1/4，广西、贵州各20个，一批批广东党员干部和社会各界人士将继续奔忙在西部地区乡村振兴的道路上。

下面，我们结合扶贫协作的具体工作，讲述几位西部奔康路上广东人的故事。

产业扶贫，化"输血"为"造血"。产业发展是解决全面脱贫的"总钥匙"，广东扶贫干部立足西部地区产业脱贫现实困境，下大力气研究解决西部贫困地区产业发展问题，"对症下药"提出发展策略。为助推产业集合发展，广东扶贫干部明确"要想富，先修路"的发展路径，产业扶贫的前提条件是完善基础设施建设。广东派驻扶贫干部郭汉辉到广西凤山县参加扶贫工作，他在调研过程中连续穿坏了15双布鞋。经过调研，他发现凤山县农村道路硬化率不到60%，交通落后是影响当地经济发展的重要因素。在他的争取下，深圳市龙华区先后投入3861万余元帮扶资金，各类社会力量捐赠750多万元，实现凤山县20户以上村道路水泥硬化率达到100%，全县交通基础设施建设发生翻天覆地的变化，为推动脱贫事业打下了重要基础。广东派驻扶贫干部陈文志到广西百色市西林县参加扶贫工作，陈文志针对西林县交通基础设施薄弱、地理位置受限的情况，提出"养蜂致富"的思路和策略。养蜂既能充分利用当地植被茂密、良好的自然环境优势以及当地传统养蜂古法技术，成本低、见效快、难度低，又能带动贫困群众不离家乡就把钱挣了。在陈文志的努力下，深圳产业帮扶工作组免费给西林县村民培训关于育蜂种、育蜂王、分蜂箱、病虫害防治等技术，还打造了"山儿宝"品牌；同时，陈文志牵线引进广东久山蜂业有限公司、广西农林蜜蜂研究所，在西林共同设立大山蜂业有限公司、小山蜂业合作社，组建西林蜂业协会。"养蜂致富"不仅引导民众致富脱贫，还依然保持西林县绿水青山的良好生态原貌，践行了习近平总书记"绿水青山就是金山银山"的生态文明思想。

链接

"暖炉"扶贫暖人心

张勇是广州市天河区商务金融局副局长，后担任贵州省毕节市大方县委常委、县政府副县长，肩上责任陡增。张勇发现贵州暖炉产业有潜力、有前景，在他的多次争取

生产线上的工人正在组装取暖炉

下，富筑公司同其他几个供应商企业搬移到大方发展，循环区的整条产业链一共有6家企业，终端由贵州潮星公司——一家来自广东潮州的企业完成。潮星的生产车间里就业的工人多数是当地贫困户，让这些通过整体搬迁扶贫、从深山老林迁入县城的贫困户搬得出、稳得住，实现致富。三年时间里，大方引进东部企业10家，扶持当地企业2家，利益联结带动贫困人口4000余人脱贫。初步形成了以富筑电器科技有限公司为核心，涵盖上下游原材料、零部件、辅料、包装等6家企业组成的取暖炉产业链，2018年销售取暖炉达5万台，销售额7500万元。

教育扶贫，用教育阻断贫困代际传递。广东扶贫干部深入研究帮扶地区教育工作存在的困难和问题，提出不同解决方法，实施"靶向疗法"，推动贫困地区教育振兴发展。驻扎广西凤山县的广东扶贫干部郭汉辉深知"扶贫必扶智，治贫先治愚"，经过他不懈争取，深圳市龙华区教育局与凤山县教育局签订协议，深圳携创技工学校到凤山县开展教育扶贫，郭汉辉为县里青年争取到了三年的免费职业技能培训，约定深圳市龙华区每年组织一批老师来凤山县开展支教工作。在郭汉辉的努力争取下，学生不仅能免费学习技能，还可以通过深圳的"春风行动"获得就业岗位，免除了凤山县贫困家庭子女的就业忧愁，为大多贫困家庭增加一笔固定就业收入。郭汉辉还积极争取到了银星集团在东兰、凤山两县启动"银星之子"扶贫助学项目，主要承担当地贫困学生的生活费和学费，发放助学奖金，帮助大量学生顺利升学、完成学业。郭汉辉呕心沥血致力改善凤山县的教学条件，帮助凤山县兴建多所新学校，购置教学设施设备。扶贫干部黄雯于2018年被派驻到贵州毕节大方县主持教育扶贫工作。黄雯充分利用广州市天河区雄厚的师资力量，将广州市第八十九中与大方县第三中学结对，利用名校、名科、名师优势，同步提升两校办学质量和办学水平。截至2019年10月，广州市第八十九中已安排3批共12人到大方县第三中学交流研讨，大方县第三中学派出2批共18人到广州市第八十九中访学。在黄雯的努力带动下，天河与大方各学校结对帮扶实现全学段全覆盖。

链 接

以真心换真情，推动教育扶贫

云南省怒江傈僳族自治州是全国深度贫困地区的"三区三州"之一，人均受教育年限仅为7.6年。这里地处偏远山区，孩子们的求学之路异常艰难。对口帮扶怒江傈僳族自治州的广东省珠海市，深深地意识到教育帮扶的重要性，除兴建学校外，还为怒江配置优良充足的师资资源。

2017年6月开始，珠海市在怒江多所中小学校开办"珠海班"，需要多名教师到怒江支教，得知消息后，珠海教师王丹毫不犹豫报了名。2017年8月底，王丹只身奔赴云南省怒江傈僳族自治州开展支教，被分配到泸水一中"珠海班"任教。干燥炎热的天气，令初来乍到的王丹感到水土不服，出现了高原反应、脱发、皮肤干裂等状况，但她顾不上休息就同其他老师赶往学生家里进行家访。

王丹带领的"珠海班"实行"包班制"管理模式，班主任和科任教师都是来自珠海不同学校的支教教师。当地学生跟不上珠海支教老师的上课节奏，成绩波动较大，一些学生产生了自卑感和挫败感。作为有20多年丰富教学经验的教师，王丹从"心"出发，与学生推心置腹地交流，针对每个学生不同学习情况进行"一对一"补习功课，因材施教。最终，"珠海班"的学生取得了优异的高考成绩，考上了理想的大学，开始谱写人生新篇章。

开展医疗扶贫，保证人民健康。没有全民健康，就没有全面小康。因病致贫、因病返贫、看病难和就医难等问题在西部贫困地区比较突出。广东扶贫工作组指示各地区扶贫干部切实调研帮扶地区医疗卫生情况，提出针对性措施努力帮助解决问题。一是推动两地医务人员交流学习。广东每年接收受援地的医务人员到广东三甲医院进行一定时间段的学习，为贫困地区医院培养一批批业务骨干。二是广东派驻数名高医务水平的医生到西部贫困地区进行驻地教学，将其珍贵的医疗经验授予西部地区医务人员，扎实提升当地医务人员的专业水平，打造"带不走"的医疗队伍。三是广东扶贫干部积极组织帮扶地派遣医务人员来受援地免费义诊，解决受援地医院不能解决的疑难杂症。四是穿针引线，积极引导广东输送优质医疗资源对接受援地区，给西部贫困地区输送医疗硬件资源。五是帮助引导受援地区建立健全医疗卫生制度，规范医疗卫生事业。

链 接

黄礼泉与医疗帮扶新模式

2018年5月，广东省佛山市派驻扶贫干部黄礼泉来到四川省凉山彝族自治州喜德县参加帮扶工作。黄礼泉调研发现，喜德县医疗水平落后、管理不规范、人才流失等问题突出，县人民医院就诊人数逐年减少。黄礼泉决定，在喜德开展医疗"组团式"帮扶模式，构建聚佛山顶级医疗资源——5家三甲医院合力帮扶喜德县人民医院的新模式。

一是确定"123"工程战略。黄礼泉深入调研，按照帮扶喜德县人民医院"填平补齐、提质增效、创先争优、示范引领"的原则，精准施策，实施"123"工程：创建1个省级重点专科、增设急诊科和重症医学科等2个科室、打造3个州级重点专科。二是争取佛山优质医疗卫生资源参与"组团式"帮扶工作。在黄礼泉的努力争取下，佛山5家三级甲等医院确定为"组团式"帮扶喜德县人民医院的单位，为喜德县人民医院下一步发展提供强大的技术保障。三是积极争取卫生健康部门支持，加大卫生人才"组团式"帮扶力度。黄礼泉积极争取佛山市政府、市卫生健康部门的大力支持，实现医疗卫生人才"组团式"落户喜德县人民医院。四是谋划在喜德新建3个乡镇卫生院，让佛山医疗"组团式"帮扶惠及乡村百姓。黄礼泉利用佛山帮扶资金、社会捐赠资金在李子乡、中坝村和桃源村3个乡建乡镇卫生院。五是积极争取佛山慈善资金支持，为喜德县人民医院建设发展提供资金保障。黄礼泉利用自己的休假时间，不辞辛苦，登门拜访佛山市民政局、市慈善会有关领导，积极争取佛山市慈善资金对喜德县人民医院建设发展的支持，为"组团式"帮扶"123"工程的顺利实施争取更多资金保障。

在黄礼泉的努力下，佛山医学专业技术人才、最优质医疗资源向喜德县倾斜输出，有效提升了喜德县医疗卫生服务能力。

九、小康中国的"广东实践" "广东样本"

大潮起珠江。历史会牢记这些节点性事件：1979年，中央同意广东"先走一步"，邓小平要求广东"杀出一条血路来"；1984年1月，邓小平高度肯定改革开放和广东的发展道路；1992年1月，邓小平要求广东20年赶上亚洲"四小龙"；2018年3月，习近平总书记要求广东"四个走在全国前列"。2020年12月，中共广东省第十二届委员会第十二次全体会议庄严宣布，广东决胜全面建成小康社会、决战脱贫攻坚取得决定性成就。2021年5月25日，《人民日报》《光明日报》《经济日报》用12个整版，详细梳理广东发展巨大成就，点赞广东。

这是全面建成小康社会伟大历程中的广东，承载着殷殷期待、谆谆嘱托；这就是小康中国的"广东实践""广东样本"，特色鲜明、活力十足。

（一）"广东实践""广东样本"的特点

广东全面建成小康社会的历程，既体现了经济社会发展的一般规律要求，又有自己的探索和创新，内涵丰富，特色鲜明。全面小康的"广东实践""广东样本"，具有重要的价值和意义。

关键：坚持和加强党的领导。中国共产党领导是中国特色社会主义最本质特征、是中国特色社会主义制度最大优势。中国特色社会主义制度的突出特点和优点，是党发挥着总揽全局、协调各方的领导核心作用。实现全面建成小康社会目标，关键在党的领导。正如习近平总书记指出的，"坚持和完善党的领导，是党和国家的根本所在、命脉所在，是全国各族人民的利益所在、幸福所在"。党中央寄予的厚望，党的领袖及时的指示批示和殷殷嘱托，是广东全面建成小康社会历史进程中的重要特点。广东全面建成小康社会各项工作圆满完成，党的领导是根本政治保证；广东建成高水平全面小康，充分彰显了党的领导的政治优势。

成效：建成高水平全面小康。广东全面建成小康社会始终走在全国前列，实现了高水平全面小康的目标，形成了引领示范效应。从过程看，改革开放以来，广东经济社会发展一直走在全国前列，如连续33年经济总量位列全国第一。从结果看，经济发展、人民生活、社会各项事业发展、基础设施建设、生态文明建设、制度机制创新、对外开放等各个方面，无论是单项指标还是综合衡量，广东都处在全国前列，建成的是高水平、成色更足的全面小康。

地位：走在前列、引领示范。作为改革开放的先行地、排头兵、示范区，广东先走一步，经济总量已经连续33年名列全国第一，经济社会发展走在全国前列，在我国全面建成小康社会的历史进程中地位举足轻重，成为全面建成小康社会的"广东力量"，为全面建成小康社会作出了"广东贡献"。广东有效发挥了"试验田"作用，创造了众多的"全国第一"，形成了一系列具有可复制、可推广的制度机制和经验措施，在全国起到了引领示范作用，有力地推动了全面小康社会的建设。

立场：坚持以人民为中心。全面建成小康社会必须坚持以人民为中心的发展思想，全面小康是为了人民、依靠人民的小康。广东的全面小康，始终遵循和彰显以人民为中心的价值立场。改革开放以来，一批又一批"洗脚上田"的农民转换为工人、商人、管理者、企业主，完成了职业身份、社会地位的根本性转换。奔康路上，广东坚持"一个都不能少，一户都不能落下"，2009年以来，广东累计帮助409.1万贫困人口实现脱贫，全面解决绝对贫困问题。幸福不会从天降，好日子是干出来的。广东全面小康社会建设靠的是广大人民群众的广泛参与、艰苦奋斗，比如，2016年以来，广东推广"企业（合作社）+基地+贫困户"模式，强化贫困户的"造血"功能，帮助贫困户用自己的双手实现脱贫。

动力：多重动能形成强劲合力。广东全面建成小康社会的历史征程中，各方力量各就其位、各司其职，各种资源有效利用，形成了强大的合力，奏响了"协奏曲"，唱响了"大合唱"。这是广东全面建成小康社会一个极为鲜明的特点。广东是改革开放先行地、前沿地，改革创新是广东全面建成小康社会的根本动力，不论遇到什么艰难险阻，广东始终高举改革开放旗帜，不断推进思想解放，坚定不移用好改革开放关键一招，坚定不移走好改革开放这条正确之路、强国之路、富民之路。党中央和党的领袖的期待和嘱托，是广东全面建成小康社会强大的精神动力。邓小平同志要求广东"杀出一条血路来"，习近平总书记要求广东

"四个走在全国前列",激发起广东党员干部群众崇高的光荣感、使命感、责任感。广东1.26亿党员干部群众是广东全面建成小康社会坚实的力量,高水平的全面小康,是广大党员干部群众开拓创新、艰苦奋斗的成果。国际国内资源的有效利用,也是广东全面建成小康社会的重要动力。改革开放之初全国各地对深圳经济特区的支持、几千万来自全国各地的务工人员在广东的工作和奋斗,以及这背后巨大的"人口红利",都是广东改革发展重要依靠和动力。广东是对外开放的"窗口",资源的有效利用特别是港澳台同胞和海外华侨华人的资金、技术、管理等方面的贡献,是不能忘记的。

基础:优势全面有效转化。不同地区优势虽有多少、大小之别,但都有自身的优势。广东的特点在于,不仅自身具有一些独特的优势,关键是善于将这些优势潜能转化为发展优势、发展实效。广东全面建成小康社会的一个突出特点在于,区位优势、文化优势、制度优势、党的建设优势等不断转化为发展优势和发展实效,为全面建成小康社会提供了重要基础。广东有着独特的区位优势,毗邻港澳且具有华侨华人资源优势,拥有深圳、珠海、汕头经济特区,这些都为广东对外开放和利用境外资源提供便利,由此带来巨大效益。以开放、务实、包容等为主要特征的岭南文化,转化为经济社会发展重要的文化支持和精神动力,比如,对外资经济、民营经济,广东各界始终持欢迎态度;对外来务工人员及其带来的社会管理压力,广东各界始终持包容、理解的态度,让广东的发展活力竞相迸发,财富不断涌流。改革开放和制度创新给广东带来了制度机制优势,广东充分利用制度机制优势,推动自身发展,形成示范效应。党的建设是全面建成小康社会的组织基础和组织优势，广东省委通过基层党组织三年行动计划等途径，全面加强党的建设、推进全面从严治党，将党的组织优势转化为工作优势和发展优势。

链 接

基层党建赋能广东乡村治理

2021年，农业农村部办公厅、国家乡村振兴局综合司公布了第三批全国乡村治理38个典型案例供全国各地学习借鉴，广东有3个案例入选，分别是汕头市的"建立村级小清单，赋能乡村治理'大智惠'"，韶关市仁化县的"以'民情夜访'推动乡村有效治理"，梅州市蕉岭县的"创新'六事'治理方式，提升乡村善治效能"。

汕头市坚持"小切口大纵深"、"小清单"大赋能，建立实施"五小清单"，探索走出一条"为村组织赋能、让村民受惠"的乡村治理"智惠"路径。一是制定小微权力清单，强化党组织引领，规范村级权力运行；二是制定村（社区）"两委"干部履职负面清单，推动干部履职尽责；三是按照"事""权"统一原则，制定村级事务清单，减轻村级组织负担；四是按照"公共服务最大化、社会效益最优化、服务形式开放化"原则，制定公共服务事项清单，提升党组织和基层自治组织为民服务能力；五是制定村务公开清单，推进村务公开规范化、常态化，保障村民对村务的民主决策、民主管理、民主监督。

韶关市仁化县依托领导干部驻点普遍直接联系群众制度，于2017年9月创新开展"一线双联"（大抓基层在一线、干部联村联户）活动，并于2019年3月深化拓展建立"民情夜访"工作制度，该制度贴合粤北山区实际，实现了干部深入乡村一线常态化。做法是固定每周三晚上，由县、乡镇领导深入挂点村走家入户，宣传政策、倾听民声、掌握民情，就地解决群众揪心事、烦心事，打通服务群众的"最后一公里"。至今，全县各级干部累计开展"一线双联"和"民情夜访"活动1.9万多次，解决群众难题5700多个。

梅州市蕉岭县探索实施"支部引领、多元共治、全要素联动"的乡村治理机制，形成了"一个支部管事、一张清单明事、一套机制议事、一个地方说事、一种方法评事、一揽子改革解难事"的"六事"乡村治理方式，有效挖掘内生治理资源，提升内生治理效能。"一个支部管事、一张清单明事"，重点是强化党组织对乡村治理工作的统一领导，全盘统筹抓好顶层设计。"一套机制议事、一个地方说事"，重点是发展基层协商，群策群力，因地制宜激活内生动能。"一种方法评事、一揽子改革解难事"，探索"基础评分＋加分项－减分项"的制度，规范和激励村民参与行为，构建长效治理机制。

过程：波浪式前进。全面建成小康社会，是中国共产党对中华民族、对中国人民的庄严承诺。改革开放以来，广东经济社会发展加速，小康社会建设不断深化。广东的奔康之路波澜壮阔，呈现出波浪式前进的特点，这与特定时期国际国内形势有关，也与广东解放思想活动、发展格局的认识和实践过程密切相关。尤其值得注意的是，广东善于抢抓机遇，也善于创造机遇，绝不"等靠要"，经济发展往往几年就能够攀上一个新台阶。这是广东全面建成小康社会历程中一个鲜明的特点和优点。

（二）"广东实践""广东样本"的贡献

习近平总书记高度肯定广东的发展和贡献，他指出，中央始终要求广东在改革开放中发挥窗口作用、试验作用、排头兵作用，广东不负中央重托，敢为天下先，经济社会发展取得举世瞩目的成就，综合实力实现历史性跨越，创造了举世瞩目的"广东奇迹"。全面建成小康社会的"广东实践""广东样本"，书写了小康广东的壮美画卷，为党和国家事业作出了巨大贡献。

政治贡献。小康广东的巨大成绩，是在毛泽东思想、邓小平理论、"三个代表"重要思想、科学发展观和习近平新时代中国特色社会主义思想指导下完成的，在中国特色社会主义道路上取得的。广东全面建成小康社会的光辉历程和巨大成效，充分印证了中国特色社会主义的科学性和优越性，充分证明了中国特色社会主义道路是全面建成小康社会、实现中华民族伟大复兴的唯一正确道路。特别是新时代以来，广东全面建成小康社会决胜期的各项成就，是在习近平新时代中国特色社会主义思想指导下，在习近平总书记亲切关怀下取得的，充分证明了党的创新理论的科学力量。广东是改革开放先行地、前沿地，小康广东的巨大成绩，是改革开放的伟大成果，充分证明改革开放完全正确。广东全面小康的历程与结果，充分印证了党的初心使命的伟大力量。广东广大党员干部初心如磐，使命在肩，牢牢树立"四个意识"、坚定"四个自信"、做到"两个维护"，坚定践行以人民为中心的发展思想，始终同人民群众保持血肉联系，把"不忘初心、牢记使命"落实到服务群众的具体行动上，建成了高水平的全面小康。

经济贡献。广东经济总量连续33年位居全国第一，2021年，广东地区生产总值12.4万亿元，相当于1.92万亿美元，约占中国国内生产总值的10.9%，已超过加拿大、韩国的国内生产总值。1.26亿广东常住人口过上了全面小康的生活，占全国人口的8.9%，其中有外来务工人员3000多万人。珠江三角洲已经进入工业化后期，制造业水平在国际国内首屈一指，为中国的工业化作出了重大贡献。大力帮扶桂、川、黔、滇等西部省区如期实现全面小康，为我国全面建成小康社会贡献了"广东智慧""广东力量"，如2019年共向桂、川、黔、滇四省区提供财政援助资金50.93亿元、社会帮扶资金达31.47亿元（含捐物折款2.62亿元），选派351名党政干部、4278名专业技术人才到被帮扶地区开展工作；转移13.67万建档立卡贫困人口到广东省就业，帮助24.93万建档立卡贫困人口实现就近就地就业；引导491家企业到扶贫协作地区投资，实际投资额212.01亿元。

精神贡献。2018年是改革开放40周年，习近平总书记在庆祝改革开放40周年大会上的讲话中指出："改革开放是党和人民大踏步赶上时代的重要法宝，是坚持和发展中国特色社会主义的必由之路，是决定当代中国命运的关键一招，也是决定实现'两个一百年'奋斗目标、实现中华民族伟大复兴的关键一招。""改革开放铸就的伟大改革开放精神，极大丰富了民族精神内涵，成为当代中国人民最鲜明的精神标识！"改革开放精神是中国共产党人精神谱系的重要内容，是新时期中华民族实现全面小康、奔向现代化的不竭精神动力。广东是改革开放先行地、前沿地，是改革开放精神重要发源地。以敢闯敢试、敢为人先、埋头苦干为核心的特区精神，是改革开放精神的重要组成部分。我们始终不会忘记，深圳经济特区以"时间就是金钱，效率就是生命"的实干理念，创造了"三天一层楼"的"深圳速度"，实现了由一座落后的边陲小镇到具有全球影响力的国际化大都市的历史性跨越。这是广东全面建成小康社会、奔向中国特色社会主义现代化进程中为中华民族作出的伟大精神贡献。此外，上下同心、尽锐出战、精准务实、开拓创新、攻坚克难、不负人民的脱贫攻坚精神，生命至上、举国同心、舍生忘死、尊重科学、命运与共的伟大抗疫精神，执着专注、精益求精、一丝不苟、追求卓越的工匠精神等中国共产党人的精神谱系，无不包含着广东的实践、创造和贡献。

制度贡献。敢于和善于在体制机制上探索创新，是改革开放以来广东经济社会发展中的一大特色和优点，大量来自广东的体制机制创新上升为国家层面的制度创新，推动了改革红利的释放，对全国改革开放和经济社会发展作出了特殊和重要的贡献。正如习近平总书记2012年12月视察广东时指出的，党中央在研究推进全国改革开放的过程中，始终注意广东的实践和经验，鼓励广东大胆探索、大胆实践。深圳经济特区本身就被赋予了进行制度探索的重要职能，首创1000多项创新性的改革举措，在我国改革开放进程中地位极其重要，贡献极为重大。顺德在制度创新方面同深圳具有"双子星"的地位，在社会主义市场经济体制、行政体制改革等方面探索了很多重要的经验和做法并得到推广。党的十八大以来，广东明确指出破除制约发展的思想障碍和制度藩篱，改革完善体制机制，推动高质量发展。广东在自贸区建设、现代财政制度、商事制度改革、区域协调发展、医疗保障制度、"数字政府"建设、农村金融扶贫、生态文明建设等方面，体制机制创新成绩斐然，成为制度创新"高地"。

链 接

广州开发区行政审批制度改革取得重大成果

2016年4月，广州开发区被确定为广东省相对集中行政许可权的改革试点。该区选择企业需求最迫切、利益牵扯面最广、改革难度最大的工程建设审批作为改革的核心。

经过5年的改革探索，广州开发区推出了全流程优化、订制式审批服务、承诺制信任审批、施工图集中审查、审批与监管分离、技术审查和行政审批相分离、智能秒批等一系列在全市、全省乃至全国首创的审批改革举措。这些举措有的已纳入全国多地政府部门出台的改革和管理文件直接复制推广实施，为深化行政审批改革提供了样本。

以首创的"一枚印章管审批"为例。5年前，广州开发区行政审批局开启了广东省全省真正意义上的"一枚印章管审批"。该项制度将企业建设项目从立项、规划、人防、环保、市政绿化、招投标、建设到验收全链条的8个部门38个行政许可和备案服务事项，统一划转由区行政审批局实施，真正实现了"一枚印章管审批"，行政效率大大提高。

根据商务部发布的2020年国家级经开区综合发展水平考核评价结果，广州经济技术开发区综合发展水平在218家国家级经开区中位列第二，并连续五年位列前三。

形象贡献。形象贡献包括对国家形象的贡献、对政党形象的贡献、对民族形象的贡献等多个方面。任何地区的改革发展，都会对形象产生作用和贡献。广东的特点在于被党中央赋予了"两个窗口"的特殊地位和职责，广东既是向世界展示我国改革开放成就的重要窗口，也是国际社会观察我国改革开放的重要窗口。广东全面建成小康社会的光辉历程和取得的伟大成就，向国际社会展示了改革开放、开拓创新、奋发自强、自尊自信的中国形象、中国共产党形象、中华民族形象。

（三）"广东实践""广东样本"的启示

全面建成小康社会的壮美画卷，已经镌刻在南粤大地上，当前，广东已经意气风发地踏上全面建设社会主义现代化国家新征程。全面建成小康社会的"广东实践""广东样本",蕴含着深刻的历史经验和现实启示,需要我们在新征程上始终记取和发扬。

将党和国家领导人的殷殷嘱托和广东父老乡亲的殷切期望相结合,坚持以党的创新理论为指导,一张蓝图绘到底。改革开放以来,从邓小平到习近平总书记,历届党和国家领导人对广东殷殷嘱托,也是广东1.26亿老百姓的殷切期望。邓小平勉励广东"杀出一条血路来",在中国特色社会主义道路上大胆探索、先走一步;习近平总书记要求广东率先全面建成小康社会、率先基本实现现代化,做到"四个走在全国前列"。在广东改革开放和经济社会发展遇到困难之时,党和国家领导人总是及时予以指导,指出方向,擘画蓝图,给予嘱托,破除阻力。党和国家领导人对广东的殷殷嘱托、广大人民群众的殷切期望,是广东全面建成小康社会的不竭动力,也是新时代广东全面建设社会主义现代化国家的精神力量。新征程上,广东要始终保持以习近平新时代中国特色社会主义思想指导一切工作、处理一切问题的政治自觉,更加自觉地扛起历史责任,大胆试、大胆闯,进一步优化完善"1+1+9"工作部署,把习近平总书记为广东绘就的蓝图画到底,奋力推动广东在新征程中走在全国前列、创造新的辉煌,进一步彰显习近平新时代中国特色社会主义思想的真理力量,更好服务全国改革发展大局,不辜负中央的重托和广东父老乡亲的期望。

将对国家的使命担当与广东自身改革发展实际相结合,高质量完成党中央交予的目标任务,更好服务国家发展大局。广东是改革开放的先行地、前沿地,是现代化建设的先发地区,全面建成小康社会的"广东实践""广东样本"生动说明,广东不仅担负着自身改革发展的任务,还担负着为全国改革发展提供新鲜经验、贡献"广东力量"的使命和任务；全面建成小康社会的"广东实践""广东样本"也生动证明，广东有能力完成党中央赋予的光荣使命和任务。在全面建设社会主义现代化国家的新征程中，广东要始终牢记"国之大者"，遵循国家发展大局中自身的定位要求，立足全局谋一隅、谋好一隅、抓好一隅促全局，坚持改革创新，不断增创发展优势，续写更多"春天的故事"，以走在全国前列的实际行动、不断创造的辉煌成就，高质量完成党中央赋予的使命和任务，更好服务国家发展大局。同时，也要看到，广东拥有超过全国8%的人口，要始终抓好自身的经济社会发展，做好自己的事，不断改善广东亿万群众的生产生活，这也是对全面建设社会主义现代化国家新征程的重大贡献。

将党的全面领导和全面从严治党相结合，增强党统揽全局、协调各方的能力，锻造一支忠诚干净担当的党员干部队伍。办好中国的事，关键在党，关键在人。党的领导是中国特色社会主义本质特征，是中国特色社会主义最大优势。广东全面建成小康社会的经验证明，必须坚持和加强党的全面领导，不断增强党统揽全局、协调各方的能力，把党的全面领导制度优势转化为改革发展的实际成效。坚持党的全面领导，关键是要忠诚拥护"两个确立"，坚决做到"两个维护"，不断增强"四个意识"，坚定"四个自信"。始终坚持自我革命，是中国共产党区别于其他政党的鲜明特征，也是实现全面领导的基础和保障。党的全面领导要以全面从严治党为保障，要结合广东实际，以永远在路上的精神和姿态，坚定不移抓好党的政治建设、思想建设、作风建设、组织建设、纪律建设、党风廉政建设和反腐败斗争，把制度建设贯穿其中，把全面从严治党向纵深推进，永葆党的先进性和纯洁性，不断提高党的长期执政能力。

将发扬改革创新精神与强化主动担当意识相结合，增强内生发展动力，不断增创发展新优势。广东建成高水平的全面小康，改革开放和经济社会发展走在全国前列，优质高效地完成党中央交给的使命和任务，同时始终坚持发扬改革创新精神，强化主动担当，结合实际创造性地落实中央指示批示精神。全面建成小康社会的"广东实践""广东样本"表明，全面建设社会主义现代化国家的新征程上，要继承发扬党的百年奋斗"十个坚持"（坚持党的领导、坚持人民至上、坚持理论创新、坚持独立自主、坚持中国道路、坚持胸怀天下、坚持开拓创新、坚持敢于斗争、坚持统一战线、坚持自我革命）宝贵经验，弘扬"杀出一条血路来"的大无畏精神，坚持解放思想，强化新担当新作为，敢于啃硬骨头，真枪真刀推进各项改革特别是制度创新，不断增强广东改革发展内生动力，形成发展新动能，增创发展新优势。新征程上，广东党员干部群众要把以伟大建党精神为核心的红色基因同改革创新为核心的时代精神有机结合，涵养担苦、担难、担重、担险的过硬本领和作风品格，培养敢于斗争的鲜明品格，练就斗争的真本领、真功夫，着力提升专业素养、专业能力，攻坚克难，创造性开展各项工作。

将坚持率先发展与协调共享相结合，以人民为中心，形成科学合理有效的发展格局。全面建成小康社会的"广东实践""广东样本"表明，要始终坚持以人民为中心的价值观，既要充分发挥自身各种优势，善于抢抓机遇，更好做到创新发展、开放发展，实现率先发展，更要直面城乡区域发展不平衡这个最大短板、基本省情，更加注重协调发展、绿色发展、共享发展，让发展的成果更好惠及广大人民群众，坚定不移以推动高质量发展推动共同富裕。在全面建设社会主义现代化国家的新征程上，要围绕人民日益增长的美好生活需要和不平衡不充分的发展之间的矛盾这个社会主要矛盾，贯彻落实新发展理念，统筹推进"五位一体"总体布局、协调推进"四个全面"战略布局，加快构建以国内大循环为主体、国内国际双循环相互促进的新发展新格局，进一步充实优化完善"一核一带一区"区域发展新格局，坚定不移推进高质量发展，高质量完成中央赋予的打造规则衔接示范地、内外循环链接地、科技产业创新策源地、高端要素集聚地、安全发展支撑地的五大任务。

将强化党建引领和提升治理能力相结合，奏响"大合唱""协奏曲"，不断推进社会治理现代化。广东常住人口数量庞大、对外交往频繁，社会结构复杂多元，社会治理难度大，一度是广东的难点、痛点。在全面建成小康社会历史进程中，广东按照习近平总书记的指示批示精神，坚持以党建引领社会治理，充分发挥党的建设的整合功能，形成了各方积极参与、不断推进共建共治共享的生动活泼的社会格局，奏响了"大合唱""协奏曲"，成为全面建成小康社会的重要内容和助力。治理体系和治理能力现代化是一项长期的工作，新征程上，广东要始终按照习近平总书记"在营造共建共治共享社会治理格局上走在全国前列"的指示要求，以社会治理现代化为目标，以社会治理能力提升为抓手，用好新的社会治理技术，创新社会治理体制，改进社会治理方式，统筹社会力量、平衡社会利益、调节社会关系、化解社会矛盾，确保社会在深刻变革中既生机勃勃又井然有序，为全面建设社会主义现代化国家提供基础和保障。

结语：从"先走一步"
到"走在前列"

让我们把时针往回拨，再一次领略广东全面建成小康社会不平凡的历史进程！

改革开放前，广东经济发展落后于全国平均水平。1978年，广东GDP为186亿元，仅占全国的5.1%；人均GDP为370元，低于385元的全国平均水平。

1978年4月，习仲勋南下主政广东，成为广东改革开放的主要开创者和重要奠基人之一。他以高超的政治智慧、巨大的改革勇气和忘我的奉献精神，带领广东人民解放思想、大胆实践、开拓创新，使得广东成为中国改革开放的开路先锋和战略要冲。1979年4月，主政广东的习仲勋赴京参加中央工作会议，他在会上发言表示，"希望中央给点权，让广东先走一步，放手干"。习仲勋强调，广东要求先走一步，不光是广东的问题，是关系到整个国家的问题，是从全局出发的；我们挑的担子很重，但很光荣，要好好搞。"如果我们不解放思想，不敢大胆创新，不抓住时机、发愤图强、艰苦奋斗，就肯定要落在先进省市区的后面，'先走一步'也将成为空话。"

　　邓小平对广东寄予高度期望。1992年1月，88岁高龄的邓小平视察深圳、珠海等地，看到深圳的巨大变化，邓小平说："八年过去了，这次来看，深圳、珠海特区和其他一些地方，发展得这么快，我没有想到。看了以后，信心增加了。"他向"先走一步"的广东提出了一个更高的目标要求：力争用20年的时间赶上亚洲"四小龙"，不仅仅在经济方面，在社会秩序、社会风气等各方面都要赶超，这才是有中国特色的社会主义。

　　2000年2月25日，江泽民在广州珠岛宾馆听取了广东省委的工作汇报之后发表重要讲话，首次完整提出了"三个代表"重要思想。2003年4月，胡锦涛视察广东，首次提出了科学发展的要求。

　　进入新时代，习近平总书记对广东改革发展倾注了大量心血，对广东父老乡亲、山山水水深情牵挂，对广东改革发展寄予厚望，要求广东"走在全国前列"。在转向高质量发展阶段的重大历史关口，习近平总书记时刻关注广东、引领广东、帮助广东，作出广东建设"双区"（粤港澳大湾区、深圳先行示范区）、两个合作区（横琴、前海）、深圳综合改革试点、粤港澳大湾区高水平人才高地等一系列重大战略部署，每年都有重大利好。2022年5月，广东省第十三次党代会胜利召开，党代会报告写道："沧海横流显砥柱，万山磅礴看主峰。我们之所以能够在复杂严峻形势下书写新时代改革发展新篇章，归根到底靠的是习近平总书记、党中央坚强领导，靠的是习近平新时代中国特色社会主义思想科学指引，靠的是总书记定于一尊、一锤定音的权威，靠的是总书记山高水长的关怀厚爱。"

　　广东各级党委和政府、广大人民群众始终牢记嘱托、感恩奋进，坚持用工作体现忠诚、用发展体现担当。今天的广东，早已成为中国经济第一强省，经济总量连续33年位列全国第一。

全面小康当然不只是经济发展、一个地区的发展，而是创新发展、协调发展、绿色发展、开放发展、共享发展。广东坚持以人民为中心的发展思想，在创造经济奇迹的同时，在民主法治、社会事业、生态环境、社会治理等各个方面下功夫，努力化解城乡区域发展不平衡这个基本省情，取得了显著成效，积累了丰富的经验。

全面小康的壮美画卷，已经镌刻在南粤大地上！

今天的广东，已经踏上了全面建设社会主义现代化国家新征程。全面建成小康社会积累的成功经验、高水平的全面小康，为广东现代化征程打下了坚实基础。

习近平总书记强调："行百里者半九十。中华民族伟大复兴，绝不是轻轻松松、敲锣打鼓就能实现的。全党必须准备付出更为艰巨、更为艰苦的努力。"改革开放之初，广东迈出了"先走一步"的坚定步伐；历史进入新时代，广东依然勇立潮头、走在前列。在全面建设社会主义现代化国家新征程上的广东，将会一年接着一年干、一锤接着一锤敲，不断克服前进道路上的艰难险阻，高质量完成党中央赋予广东的使命任务，始终当好排头兵、先行地、实验区、"两个重要窗口"，继续走在前列，创造新的辉煌！

主要参考文献

1. 《邓小平文选》（1—3卷），人民出版社1994、1993年版。

2. 《习近平谈治国理政》（1—3卷），外文出版社2018、2017、2020年版。

3. 中共中央文献研究室编：《习近平关于全面建成小康社会论述摘编》，中央文献出版社2016年版。

4. 《中共中央关于党的百年奋斗重大成就和历史经验的决议》，人民出版社2021年版。

5. 中共中央党史和文献研究院编：《十八大以来重要文献选编》（上、中、下），中央文献出版社2014、2016、2018年版。

6. 中共中央党史和文献研究院编：《十九大以来重要文献选编》（上、中），中央文献出版社2019、2021年版。

7. 中共广东省委党史研究室编：《广东小康大事记（1978—2020）》，花城出版社2020年版。

8. 中共广东省委党史研究室著：《广东改革开放发展史（1978—2018）》，广东人民出版社2019年版。

9. 《广东改革开放史》课题组编著：《广东改革开放史（1978～2018年）》，社会科学文献出版社2018年版。

10. 武力主编：《改革开放40年：历程与经验》，当代中国出版社2020年版。

11. 黄承伟等著：《大党治贫：脱贫攻坚中的党建力量》，广东人民出版社2021年版。

12. 蒋斌、王珺主编：《广东改革开放40年研究总论》，中山大学出版社2018年版。

13. 彭璧玉主编：《广东区域协调发展40年》，中山大学出版社2018年版。

14. 赵细康主编：《广东生态文明建设40年》，中山大学出版社2018年版。

15. 钟旋辉主编：《广东发展报告（2020）》，社会科学文献出版社2020年版。

16. 钟旋辉主编：《广东发展报告（2021）》，社会科学文献出版社2021年版。

17. 申明浩主编：《粤港澳大湾区协同发展报告（2021）》，社会科学文献出版社2021年版。

18. 郭跃文、顾幸伟主编：《广东城乡融合发展报告（2021）》，社会科学文献出版社2021年版。

19. 张捷主编：《广东省生态文明与低碳发展蓝皮书》，广东人民出版社2015年版。

20. 广东年鉴编纂委员会编：《广东年鉴（2021）》，广东年鉴社2021年版。

21. 广东省统计局、国家统计局广东调查总队编：《广东统计年鉴（2021）》，中国统计出版社2021年版。

22. 李希：《忠诚拥护"两个确立"，坚决做到"两个维护"，奋力在全面建设社会主义现代化国家新征程中走在全国前列创造新的辉煌——在中国共产党广东省第十三次代表大会上的报告》，广东省人民政府网。

23. 马兴瑞：《政府工作报告——2021年1月24日在广东省第十三届人民代表大会第四次会议上》，广东省人民政府网。

24. 王伟中：《政府工作报告——2022年1月20日在广东省第十三届人民代表大会第五次会议上》，广东省人民政府网。

25.《广东省国民经济和社会发展第十三个五年规划纲要》，广东省人民政府网。

26.《广东省国民经济和社会发展第十四个五年规划和2035年远景目标纲要》，广东省人民政府网。

后　记

　　本书由周建伟、董海军、胡国胜合作撰写，周建伟总负责。全书框架和提纲由华南师范大学周建伟教授拟定，第一、二、三、九章，结语由周建伟撰写；第四、五章由华南师范大学胡国胜教授撰写，博士研究生叶美玉参加了初稿撰写；第六、七、八章由华南师范大学董海军副教授撰写。周建伟负责统稿和最后定稿。

　　本书的完成，要感谢教育部"长江学者"特聘教授、华南师范大学马克思主义学院院长陈金龙教授的关心和支持。陈老师一直关注我们的学术成长，对我们接下本书的写作任务鼓励有加。感谢广东人民出版社钟永宁总编辑、卢雪华总编助理，本书写作时间紧、任务重、要求高，因为他们的鼓励，我们才"壮着胆子"接下了写作任务。感谢责任编辑曾玉寒、伍著欣两位女士，她们的写作建议和文字润色，为本书增色不少；她们为我们提供的参考资料，有效减轻了资料收集的压力。

　　本书是一本记述广东全面建成小康社会历史进程的严肃著作，书中使用的数据资料来自各级相关政府部门、出版机构、新闻媒体，也援引了学界同人的研究成果，在此表示诚挚的谢意！本书在写作风格上要求通俗生动，受风格和体例所限，不能将所引资料和理论观点细致列出，特此致歉！由于时间紧迫，本书如有不尽如人意之处，恳请广大读者批评指正！

本书编写组

2022 年 6 月